がんばらない、カラダが目覚める

ヒモトレ介護術

浜島 貫 著
小関 勲 監修

日貿出版社

はじめに

私は、高齢者や要介護者のお宅を訪問して、鍼灸の治療やマッサージ、リハビリなどを行なっています。2015年頃から、施術の中に「ヒモトレ」を取り入れています。

ヒモトレは、バランストレーナーの小関勲さんが発案したメソッド。お腹や腰などにヒモをゆるく巻くと、体のバランスが自然に整い、腰や膝の痛みが取れたり、よろよろしていた人がスムーズに歩けるようになったりするのです。

そんなバカな、と思いますか？　私も最初は驚きましたよ（笑）。本書110ページで紹介していますが、私の〝ヒモトレ初体験〟は、訪問診療中の偶然の出来事でした。リハビリをする患者さんの体に、ふと「腰紐」を巻いたところ、なぜか体のバランスが劇的に安定したのです。

驚いた私は、〝これはどういうことだろう？〟とネット検索し、ヒモトレの記事を発見しました。それをきっかけに講座に参加し、自分の施術でもヒモトレを使い始めると、さらに驚くようなな出来事が、次々と起き始めたのです。

そういったさまざまな体験を、この本では一気にまとめて紹介しています。さらに、私より早い時期から養護教育の現場でヒモトレを活用していた、善通寺養護学校教諭の藤田五郎さんの取り組みも、合わせて紹介しています。

ヒモトレとは何なのか。ひとことで言うなら、「ありのままのカラダ」に立ち返る方法、と言えるでしょうか。

ある人が要介護状態で、「自力で立てない」「歩けない」などと評価されているとしましょう。でも体の潜在能力としては、実はそういった機能がまだ残っていることも少なくなく、ただ、いろいろな事情が邪魔をして、本来の力が発揮できなくなっている。ヒモトレはその事情をリセットして、「ありのままのカラダ」の能力を引き出してくれるのです。

そのあたりが、ヒモトレの面白いところです。この本を通じて、多くの方にその面白さをお伝えできたら嬉しいです。

浜島 貫

目次

第3章 鼎談・ヒモトレが示すヒトの可能性 190

〝ヒモトレ〟ってなに？

本書に登場する〝ヒモトレ〟はオリンピック選手やプロのスポーツ選手を指導してきたバランストレーナーの小関勲氏によって発案されました。

最初は、なでしこジャパン（女子サッカー日本代表）選手たちへのパフォーマンス向上、怪我の予防、リハビリのため活用、その後多くのスポーツ選手に紹介していたものです。

ただヒモに〝任せて〟動く、ただヒモを体に〝ゆるく〟巻くだけ、という簡単さや即効性、何より副作用の心配がほとんどないことから、現在では介護の現場や特別支援学校、病院などさまざまな分野でも上手に活用されるようになりました。

なかでも今一番注目されているのが、本書のテーマである介護の現場です。どんな変化があるかは、本文をお読みいただければわかりますが、特別なことをしたわけではなく、とにかくヒモトレという環境で普段通り過ごすだけです。

「何回する」「何分続ける」などというノルマは一切ありません。ヒモトレが教えてくれるのは、本来私たちの体に備わっている〝本来の力〟と、それを引き出す〝よい塩梅〟という身支度なのです。

体の悪いところや不具合が治ったり消えたりすることは、誰しも願うことです。でも、そうした不具合を含めて成り立っている〝自分〟。ヒモトレはそうした箇所を切り離して対処しようとするのではなく、つなぎ止めて、心を含めて体全体のなかでバランスを整えて、本来の〝自分〟を思い出させてくれます。

本書を読む方の立場はさまざまでしょうが、もう一度〝体を信じる〟こと〝QOL(Quality of Life)：生活・人生の質〟について考えるきっかけになれば幸いです。

WEBマガジン　コ2編集部

本書はWEBマガジン　コ2【kotsu】(http://www.ko2.tokyo/) で、2017年7月より2019年4月まで連載された、「ヒモトレ介護術」を基に、加筆補正したものです。
コ2【kotsu】では、武術、武道、ボディワークをはじめ、カラダに関することを情報発信しています。企画・執筆のご相談も随時承っていますので是非ご覧ください。
Twitterアカウント：@HP_editor
フェイスブックページ：
https://www.facebook.com/ko2.web/

本書の動画について

本書ではより読者の理解を助けるために、携帯電話、スマートフォンなどで再生できるQRコードを掲載しています。一部、動画には未成年者の姿を映っていますが、いずれも保護者をはじめとする関係者の許可をいただきご紹介しています。
また、動画は全てYouTube (http://www.youtube.com) の動画配信サービスを利用して行なわれています。視聴については著作権者・出版社・YouTubeの規定の変更などにより、予告なく中止になることがあることを予めご了承ください。

※QRコードは(株) デンソーウェーブの登録商標です。

第1章　ヒモトレ介護術・浜島 貫

Aさんから M さん。十二の物語

在宅介護の現場で、ヒモトレはどのように使われているのだろう。治療家として在宅診療に取り組む浜島貫氏に、さまざまなケースでのヒモトレ活用法をリポートしてもらった。

浜島 貫（Toru Hamashima）
1976年生まれ。浜島治療院院長。浜島整骨院院長。鍼灸マッサージ師。柔道整復師。公益社団法人埼玉県鍼灸マッサージ師会理事。井穴刺絡頭部刺絡学会理事。現在、在宅医療にも力を入れており、個人宅などを訪ねて鍼灸治療やマッサージ、リハビリなどを行なっている。そうした取り組みの中で、ヒモトレを活用。腰痛予防対策や介護施設の職員、デイケアなどに通う高齢者に向けたヒモトレ講習会も実施。
ご連絡先：hamashima.in@gmail.com

第一話

えぼし巻きで嚥下ができた！

まずご紹介するのは、93歳の女性Aさんです。

Aさんは、２０１１年の末に脳梗塞で倒れて以来、寝たきりの状態が続いています。脳梗塞の後遺症で、右半身の麻痺と言語障害、高次脳機能障害などがあります。

発症直後は病院に入院して治療を受けましたが、半年後に退院し、介護老人保健施設へ移りました。そのときに付き添った娘さんが、施設での生活に驚き、３日目には、自分が仕事を辞めて在宅で介護することを決意されました。

その後、別の介護老人保健施設へ移送。そこに入っている間に娘さんはヘルパーの資格を取り、介護に向けて自宅を改装しました。２０１２年の半ばから、在宅介護を開始。大変、行動力のある方です。

※この章は、webマガジン『コ2』で2017年7月～2019年4月に掲載された連載企画「ヒモトレ介護術」を再構成したもので、登場人物の年齢や状況は、当時のものです。またお写真はご本人、関係者の許可を得て掲載しています。

脳梗塞で寝たきりになり、「胃ろう」で栄養摂取

病院からの退院に向け、Aさんは「胃ろう」を作る手術を受けています。胃ろうとは、胃に栄養を直接入れるための、人工的な注入口。体に麻痺などがある患者さんは、食べ物を口から十分に摂るのが難しいため、お腹に小さな穴を開けてカテーテルを設置し、そこから栄養を摂れるようにすることがあります。

麻痺などによって食べ物を飲み込む機能（嚥下機能）が衰えると、食事量が足りず、栄養不足になったり、食べカスが残るなどで、口の中の清潔が保てず肺炎（誤嚥性肺炎）になったりといったリスクが高まるとされています。特に誤嚥性肺炎は、ときに生死にも関わる重大な問題。だから医療的には、「胃ろうで管理する方が安全」という判断になるわけです。Aさんの場合も、「退院に向けて、胃ろうを設置しないことは考えられない」と説明されたそうです。

この時点で、Aさんの嚥下機能がどの程度だったのかはわかりません。ただ一つ言

えるのは、ひとたび胃ろうが設置されると、その後の栄養摂取は、胃ろうを使って行なわれるようになり、思ったよりも食べる訓練はできないということです。とりわけ介護施設に入ってしまうと、食事の訓練の継続は困難です。「誤嚥のリスクを避けるために、口から食べさせない」とも判断されているわけですから。

私も医療者の一人として、退院に向けた病院の判断は理解できます。Aさんの場合も、胃ろうなしで状態を維持するのは、おそらく困難だったのでしょう。

ただし、人間にとって「ものを食べる」という行為は、栄養摂取以外にも非常に大きな意義があります。そもそも、家族で食事を共にする動物は、人間だけだと言われています。食べ物を分かちあいながら過ごすひとときを通じて、豊かに心が満たされる。「食」は、人としての生活の中心をなす営みなのです。

でも、医療的な立場から〝栄養管理〟を重視する視点に立つと、栄養以外の意義はまず顧みられない。胃ろうで栄養が足りるなら、口から食べる必要はない、と。要は、人間扱いをしてもらえないのです。Aさんの娘さんが在宅での介護を決心されたのは、おそらく家族として、そんな扱いを耐えがたいと感じたからでしょう。

「えぼし巻き」で、1年半途絶えていた嚥下が起きた

人間の体の働きは、使わなければ衰えます。胃ろうからの摂取に頼るようになれば、ただでさえ低下していた嚥下機能は、ますます弱ってしまうでしょう。

在宅に移ってから娘さんは、とろみをつけた食品などを口から食べさせる試みをされたそうですが、うまく飲み込めずに口の中に残ってしまったり、気管の方に入ってゼイゼイむせてしまったりが多かった。肺炎になるのは怖いので、試す機会も徐々に減ってしまい、全く嚥下が起きない状態が1年半以上も続いていたそうです。

私が「ヒモトレ」を使い始めたのは、ちょうどそんな頃でした。

アゴの下から頭頂部にかけてヒモを巻く「えぼし巻き」というやり方が、嚥下機能を助けるという話を聞いたので、さっそくAさんにこの巻き方を試してもらいました。そしてとろみをつけたお茶を口に含ませてみると、すぐに「ごっくん」という嚥下反応が起きたのです。

これに驚いたのが、娘さんでした。もう長いこと飲み込めない状態が続いて、「口か

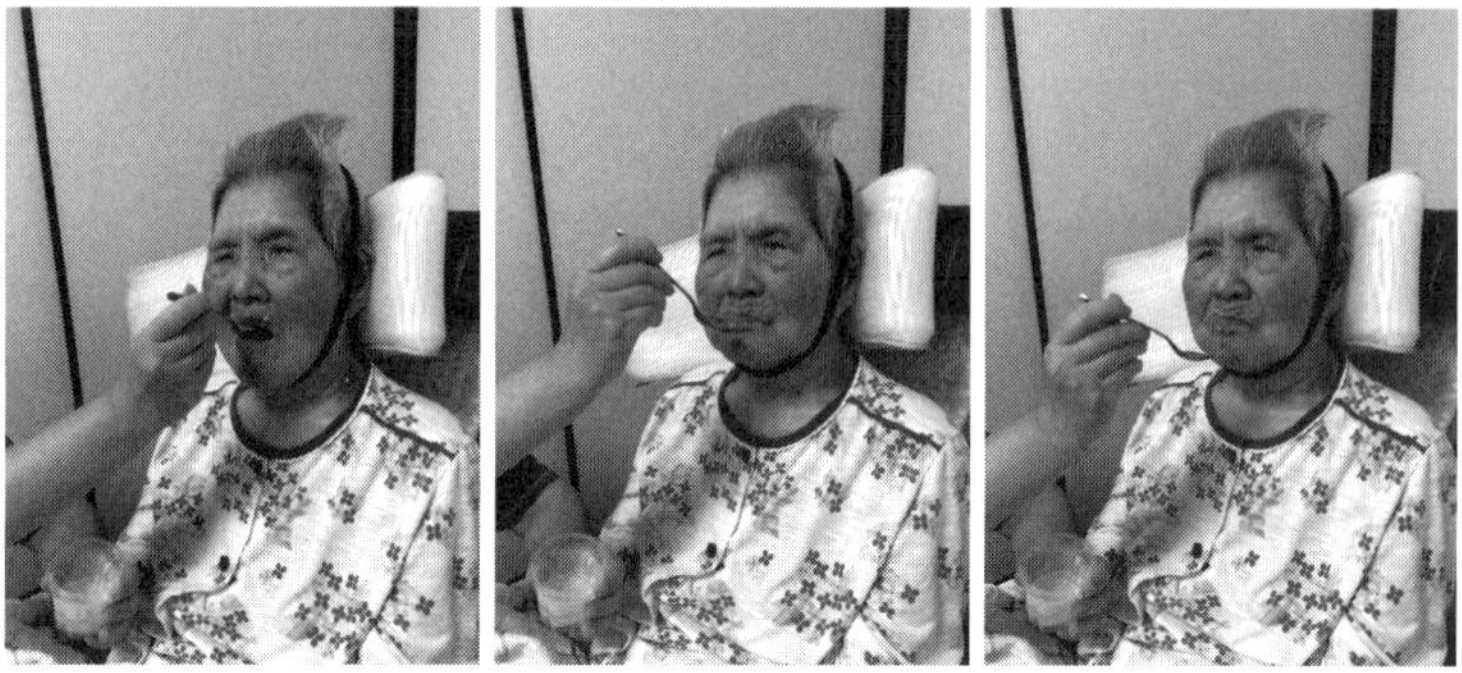

えぼし巻き
1年半も自分で食べられなかったのが、えぼし巻きを試したところ自分で嚥下ができた。腰ヒモも併用している。※高齢者や障害をお持ちの方が行なう際には、必ず付き添い者の同伴が必要です。席を外すときは、必ずヒモを外すように注意してください。

ら食べるのは無理なのか」と半ば諦めていたのに、ヒモを巻くだけで飲み込めたのですから、驚くのも無理はありません。

ちなみに私は、「1年半も嚥下がない」という話を、この時点では知りませんでした。なので、嚥下が起きたその瞬間は「あ、飲み込めたな」という程度にしか感じませんでした（笑）。娘さんがずいぶんと驚くので、「どうしたんですか？」と尋ねて、ようやく状況を理解した、というのが真相です。

まあ、知らなかったからこそ、先入観なしにえぼし巻きを提案できたとも考えられますので、それはそれで良しとしましょう。

「ヒモを巻けば飲める」。家族の自信の拠り所に

最初は半信半疑だった娘さんですが、何度か試していく中で、「ヒモを巻けば高い確率で飲み込める」と、自信を持つようになりました。日によって覚醒状態に波があるので、今ではまず「おはよう」「のど乾いた？」などと声をかけて、ちゃんとした返事があればヒモを巻いて何か食べさせる、返事が曖昧ならその日はなし、といった具合に判断をして、やっています。

食べさせるものも、甘酒や水羊羹など、かなりバリエーション豊かなようです。娘さんが「お母さん、甘酒好きだったな」などと思い出して食べさせているものもあれば、Aさんの口から「あれが食べたい」などとリクエストが出てくる場合もあるそうです。

もちろん、甘酒はつぶつぶを取り除くなどしているそうですが、それにしても、真っ先に誤嚥のリスクを考える施設入所下などの環境だったら、まずありえない選択でしょう。

医療的に考えるなら、「なぜ、わざわざそんなものを食べさせるのか？」と疑問を抱くでしょうね。実際、Ａさんが口から食べるものの量は、多くても１日にスプーン４、５杯程度。ヒモを使って飲み込めるようになったと言ってもせいぜいその程度であり、それを続けたからといって、胃ろうを外せるほどに食事量が戻ることは考えにくいからです。

では、そのスプーン４、５杯に、どんな意味があるのか。

家族（娘さん）にとっては、それが今のお母さんと交わせる、ほぼ唯一の対話の手段であり、「お母さんは甘酒好きだったな」などと思いをはせる機会なのです。

在宅介護の目的は、「普通の生活」をすること

先日、娘さんが私に、スマホで録画した動画を見せてくれました。Ａさんにコーヒーゼリーを食べさせたあと、「おいしい？」と尋ねると、Ａさんの顔つきがパッと明るくなり、はっきりした口調で「おいしい！」と返事をしていました。

「円滑に会話できる状態ではないので、こんなふうに『おいしい』と言われると、すごく嬉しかったです」

娘さんはそう語ってくれました。

在宅で介護をする意義は、こういうやり取りを大切にするところにあると、私は思っています。

「治療」や「管理」を目的にするなら、病院などの施設にいる方がうまくいくのは当然です。それは本来、「病気」という急場の状況に対処するための、一時的措置です。

これに対して、自宅は生活をするところであり、日常の拠点。病院や施設とは、目的も背景も全く違うのです。自宅で生活をするために家に戻ったのだから、食べたいものを食べて、「おいしいね」と喜びを分かち合うのは、当然のこと。むしろ、そこに必要以上に制限がかかるなら、何のために家に帰ったのかわかりません。

ただ、要介護状態の高齢者の場合、身体的な制限によって、普通の生活に支障をきたすことがある。「ヒモトレ」は、その制限をゆるめることによって、〝普通の状態〟に近づきやすくしてくれるツールなのです。

Aさんは、朝と晩に胃ろうから栄養を摂り、昼、体調がいいときには口から何かを食べます。胃ろうのおかげで、栄養のことを考えず、好きな物を好きなだけ食べられるのです。これがいわば、3度の食事に当たるわけです。そのとき、娘さんは必ず、「お母さん、ご飯にしようか」と声をかけて、Aさんを車椅子に座らせ、リビングの食卓へ連れていくそうです。胃ろうのときも、必ずそうするのです。

そのため車椅子は、麻痺のある体を支えるサイドホールドがついたものを選び、シートの高さやヘッドレストの位置を調整してあります。こういった工夫も、ヒモトレ同様、普通の生活を維持するためなのです。

さて、さまざまなケースでヒモトレを使ってきた中で、ヒモトレは、「普通の生活を大切にする」という在宅介護の目的と極めて親和性が高いと、私は実感しています。それはおそらく、ヒモトレというメソッド自体の性質に関連しているのだと思います。そういった話にも、この先のケースの中で順次、触れていければ、と思っています。

その後のAさん

Aさんのケースでは娘さんもヒモトレをするようになり、Aさんだけでなく家族にも多くの変化があったように思います。

例えばさまざまな不満があるにもかかわらず、いざというときのためにと続けていた総合病院の訪問診療から、より細やかな配慮をしてくださる在宅医療専門診療所へと主治医を替えることができたのもその一つです。

その後Aさんは95歳で亡くなられましたが、娘さんは経験を活かし、大変優秀な介護ヘルパーとして活躍されています。

第二話

タスキがけでめまいが消えた！

私は現在、自分が診療するほぼすべての患者さんに、ヒモトレを使ってもらっています。作用には個人差があり、大幅な機能回復が現れることもあれば、さほど大きな変化を認めないこともあります。

それでも全員に試してもらうのは、ヒモトレには副作用などのリスクがほとんどなく、コストや手間もごくわずかだから。最悪でも「何も起きなかった」であり、実際には、大半のケースで何かしらいいことが起きますから、試さない手はないでしょう。

ここでは、当初、そんな軽い気持ちから始めて、大きな成果につながったケースをご紹介しましょう。88歳の女性Bさんです。

夏の脱水がきっかけで、認知症が進行した

Bさんはご主人（89歳）と二人暮らし。5年ぐらい前（2012）から軽い認知症が現れましたが、当初は要介護度1ないし2程度。入浴などにサポートが必要だったぐらいで、あとはおおむね普通に生活できていました。

ところが、一昨年（2015）の夏に脱水を起こして入院。それをきっかけに、症状が一気に進んでしまいます。歩けなくなり、ご飯もあまり食べられない。認知症も進み、会話もままならなくなったそうです。

さらに、膝や足首に強い痛みが現れました。病院でいろいろな検査をしましたが、結局、原因は不明。手で触れるだけでも痛がるので、マッサージやリハビリなども難しい状態だったようです。

そういった状況があまり改善しないまま、退院。要介護度は5に引き上げられました。ご主人にしてみれば、奥さんが病気（脱水症）の治療で入院したら、寝たきりになって帰ってきたわけで、さぞショックだったでしょう。

体を起こすと起きた「めまい」が、ヒモトレで消えた！

私がBさんのお宅へ初めて訪問したのは、その年（2015）の年末頃。ちょうど、私自身がヒモトレに取り組み始めた時期です。

まず、ベッドの上で座位を試みたのですが、体を起こすだけで息が切れ、強いめまいが起きるため、座っていられない。また、傾眠傾向（軽度の意識障害）があり、しっかり声をかけていないと、目を開けているのも難しい状況でした。

さて、どうしたものか。

とりあえず〝何かの足しになればいい〟ぐらいの軽い気持ちで、ヒモを巻いてみることにしました。当時はまだヒモトレを始めたばかりで、ヒモトレ用のヒモを持ち歩いていなかったので、ご主人の浴衣の帯を借りて、腰周りとタスキに巻いてみました。するど、上体を起こしてもめまいが起きないのです。大して期待をしていなかったので、正直、これには驚きました。

これなら、ヒモを巻けば、それまで全く手付かずだった機能訓練などのリハビリができます。そこで、まず座るところから始めて、立つ訓練、さらに歩く訓練へと進めました。装着するヒモは、最初は腰とタスキだけでしたが、様子を見ながらはち巻き、膝、足首などと追加していきました。

その結果、わずか数週間のうちに、ベッドのある部屋から出て、リビングまでの数メートルの歩行訓練ができるようになったのです。膝の痛みもいつの間にか消え、足の関節を動かすリハビリも、問題なくできるようになりました。

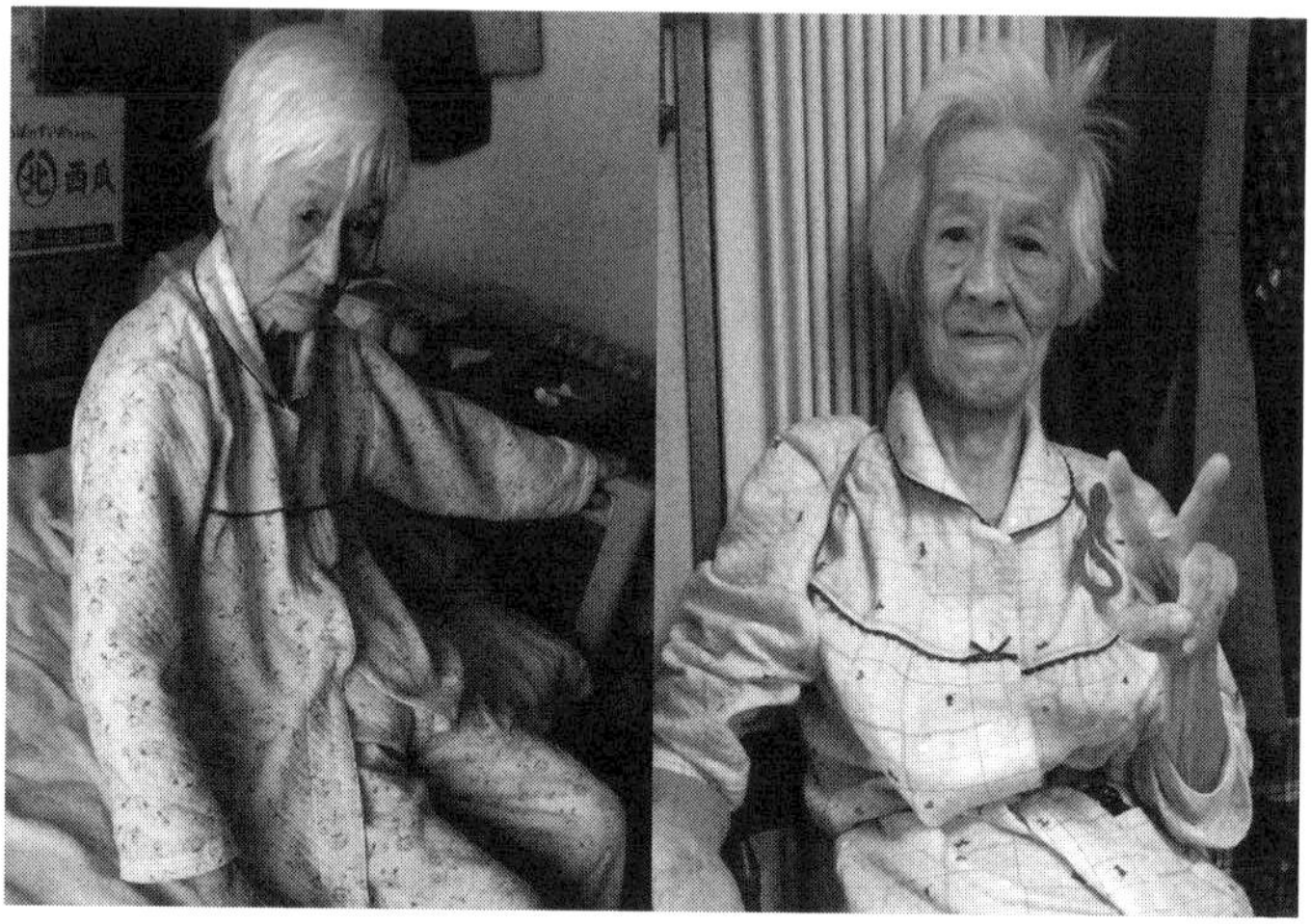
左がＢさんと初めて会った頃。右がヒモトレを始めてから数週間が経ったＢさん。顔の表情が明るくなりました。

認知機能も改善、受け答えができるように

と同時に、表情や言葉の受け答えにも変化が現れてきました。例えば写真を撮ろうとすると、カメラを見てピースサインのポーズなどを取ってくれるようになりました。

先日も、リハビリを終えて帰るときに、「じゃあ、また来ますね」と挨拶をしたら、「いつまでも世話になってちゃいけないよね」なんて、妙に達者な返事が返ってきて、こちらが驚いたほどです。体が回復してくると、精神活動にも良い影響が現れる。やはり、体と心は一体なのだと実感させられました。

最近は、食事もご自分で召し上がれるようになったそうです。以前はヘルパーさんが食べさせていたのですが、今はご主人がベッドサイドに準備しておくと、調子のいいときは、スプーンを使って自分で平らげてしまうのだとか。

人間、食が戻ってくれば元気も出るものです。この先、Bさんがどこまで回復されるのか、楽しみです。

ヒモトレを使うと、機能回復などの変化が早くなる

Bさんがヒモを身につけるのは、私がBさん宅にいる15～20分の間だけです。ずっと巻きっぱなしの方が効果が高いのかもしれませんが、高齢のご主人と二人暮らしで、四六時中目が届くわけではない現状では、やはり巻きっぱなしは難しい。不測の事態が起きないとも限りませんから、私がいるときだけ巻くようにしています。

訪問するのは週に1回ですから、わずか1週間に15～20分の装着で、これほどの変化が起きたことになります。

と、こんな話をすると、いかにも「奇跡的な効果！」などと大げさに持ち上げたくなるかもしれませんね（笑）。

私はもちろん、「すべてがヒモのおかげ」などと言うつもりはありません。在宅で行なわれている診察や看護、介護、そしてリハビリやマッサージ、機能訓練といった通常のメニューが、機能回復や縮退予防の中核を担っているのは、当然でしょう。

ただ、ヒモをつけた状態でこういうメニューを行なうと、ヒモなしでやるより、変化が圧倒的に早いし、変化の幅も大きい。これが、私の実感です。

高齢者のリハビリは通常、〝残された機能をできるだけ活かす〟という発想で行ないます。その前提として、どの機能が残っていて、どの機能は失われているかを評価するわけです。

ところがヒモを巻いてみると、もう失われたと思っていた機能が、動き始めることがある。前提が、変わってしまうのです。それがまるで〝奇跡〟のように見えるわけですが、実際は、その機能は失われたのではなく、なんらかの事情で力を発揮できない状態になっていたのでしょう。

Bさんの場合は、「めまい」「痛み」などの障害によって、体を起こすことや、会話が妨げられていた。でも、ヒモを巻くことでその障害が取れると、抑えられていた機能が働き始める。ヒモトレは、使い切れていなかった体の機能を引き出してくれるのです。そして、その状態でリハビリをするから、変化が早く現れるのだと思います。

自分の名前をしっかりと書けるまでに

最近のBさん訪問時のメニューはこんな感じです。まず、全身の状態を確認しながら、ヒモを装着します。少し会話をしながら、ベッドの上で座ってもらい、さらに立ち上がってリビングまで歩いてもらいます。

装着するヒモは、まとめてベッドサイドに置いてあります。中央の帯状のヒモは、タスキ用として知人が縫ってくれたもの。通常、ヒモトレには丸紐が推奨されていますが、実際に使ってみると、タスキならこのヒモでも問題なく働いてくれるようなので、これを使っています。

日によっては、さらに機能回復メニューをやることもあります。Bさん本人に「もっとやる?」と聞いて、どうするかを選んでもらうのです。

Bさんが使っているヒモは、100円ショップで売られているアクリル製のものや腰紐など、どれも身近にあるものばかりです。

先日は、ちょうどお宅にあった日本の歴史の本を開き、載っている顔写真を見て、名前を当てるゲームを、ご主人と3人でやりました。いざやってみると、Bさんの正答率が一番高く、ご主人と顔を見合わせて笑ってしまいました。

知らない人の写真でも、横の名前を読んで、答えるのです。自分でページをめくることもできていたので、「じゃあBさん、自分の名前を書いてみましょう」とペンを渡したら、なんときちんと読める字で名前を書いてくれました。これほどの力が残っていたのです。

もちろん、状態は日によって変わります。いつも調子がいいわけではないし、会話が噛み合わなくなるときもある。そもそも、今の状態からリハビリを続けていっても、身体機能や認知機能が元のレベルまで戻るとは、正直、なかなか考えにくいでしょう。

それでも、これだけの力がまだあることが見られたのは、ヒモトレのおかげです。

そして、そういう力を信頼して関係を築くことができるのは、やはり共に暮らす家族だからこそ、でしょう。

ご主人は最近、Bさんに、足首や膝を動かすリハビリ体操をやってあげるのが、毎朝の日課だといいます。いつもリハビリの様子を見ているうちに、やり方を覚えてしまったとのこと。以前は、足に触れるだけで痛がってできませんでしたが、痛みが消えた今は、できるようになったそうです。

著者とのツーショット。“タスキ”と“はち巻き”“へそ巻き”を試してもらっています。

「痛みが取れて、普通に会話できるのが、嬉しいね。病気から脱却できたような気分になれた」

ご主人は、今の気持ちをこんなふうにおっしゃっています。こんな家族の関係を支えるのも、ヒモトレの大事な役割なのです。

その後のBさん

Ｂさんは取材後しばらくして入院し、退院してきたときには足首が伸びたまま固まり、立つことはできなくなってしまいました。

もう歩行訓練などはできませんが、自宅療養する中で徐々に会話の受け答えがしっかりしてきて、再び表情も戻ってきました。

どこまで回復されるかは正直、わかりませんが、旦那さんは「口が達者になってくるのは嬉しいよ」と言ってくださいます。

リハビリをする際にはもちろんヒモトレを併用しています。

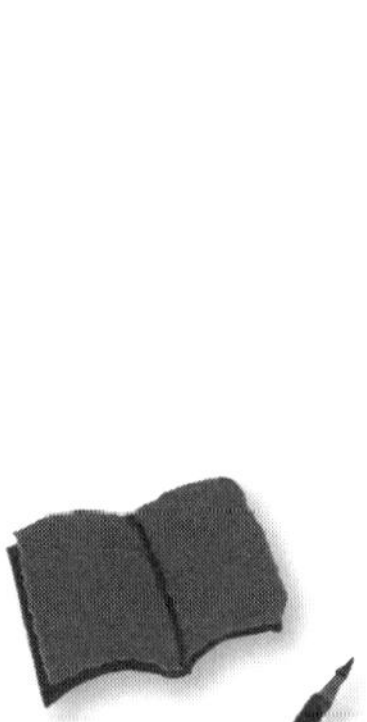

第三話

84歳の脊椎すべり症が歩けるように！

このパートでご紹介するのは、これまでヒモトレ関連の書籍や雑誌の記事で、何回も登場してもらっている女性のCさん（84歳）です。歩くことも難しいほどのひどい腰痛で「脊椎すべり症」と診断されていましたが、驚異的な回復を示し、今ではすっかり元気に歩き回っています。

最近のCさんは、書籍などに掲載されたときより、さらにお元気。新しいエピソードもいろいろとありますので、そのあたりも含めて、お話ししましょう。

Cさんは、もともと自宅で洋裁教室を開き、お茶やお花も指導者の資格を持っているなど、とても活発な方です。夫と息子夫婦と同居。さらに孫夫婦と3歳になるひ孫の男の子が頻繁に遊びに来ています。

私がCさんの自宅を初めて訪問したのは、1年半ほど前（2016）になります。Cさんの主治医からの紹介でした。歩くのはもちろん、立っていることすら難しいほどのひどい腰痛が起き、痛みは膝や足首にまで広がり、また少し歩くだけで痛みとしびれが強くなりしばらくどこかへ腰掛けて休まなければ再び歩きだせない。そんな状態でした。

実は、Cさんの自宅の目と鼻の先には整骨院があり、当初はそこで治療を受けていたそうです。ですが、そこまで歩いていくのも途中で腰掛けて休みながらでなくてはたどり着けなくなり、危険と判断されたため、訪問診療を行なっている私に声がかかったのでした。

「立つのもやっと」の状況から、数週間で驚異的に回復

訪問初日にお会いしたCさんは、壁に寄りかかってやっと体を支えているような状況でした。背骨が曲がって姿勢が反り返り、見るからに立っているのも大変そう。挨拶のお辞儀もできないほどです。

背中を診せてもらうと、ちょうど胃の裏あたりで、筋肉がまるで鰹節のようにボコッと盛り上がって固まっていました。20年ほど前に胃を全摘する手術を受けたとのことで、その影響があったのかもしれません。

いずれにせよ、体を支える体幹部のバランスが崩れているのは明らかでした。

痛みへの対応として鍼治療などを行ないましたが、併せて、日常的なケアとして、へそ巻きとタスキをやってみることにしました。ヒモトレの働きは、体のバランスを整えることがメインですから、何かしらいい作用があるだろう、と、それぐらいの気持ちでした。

Cさんの場合、受け答えはとてもしっかりしており、手先も器用に動かせましたので、巻き方をお伝えすれば、日常的に自分で巻けるだろうと判断しました。

これが、驚きの始まりだったのです。

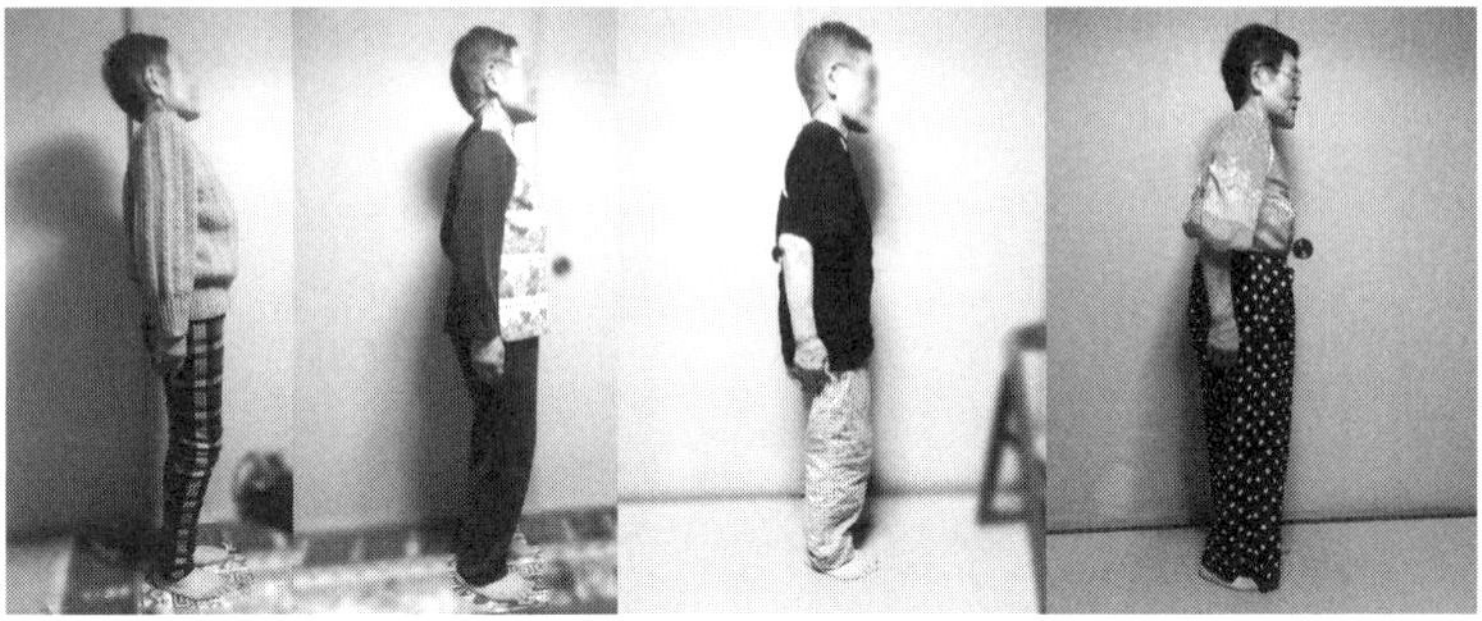

左から、ヒモトレスタート時、６週目、19週目。右へ進むほど、姿勢のバランスが整っている。右端は、１年半ほど経った最近の姿。

以降、訪問するたびに、Cさんの姿勢がよくなっていきました。と同時に、歩ける歩数も増えていったのです。

スタート時→6週目→19週目と進むにつれて、背すじがまっすぐになり、足元もしっかりしてきたのがわかると思います。

Cさん自身も、ヒモを身につければ痛みが和らいで歩きやすくなると実感したようで、連日、欠かさずに身につけてくれていました。

今回、治療開始から1年半ほど経った最新の姿も撮影させてもらいました。今やすっかり元気になったCさんですが、実はこの間にもいくつかアクシデントがあり、それを乗り越えてきたのです。

遠方への旅行を楽しむまでに回復

ヒモトレを始めてからのCさんは、行動範囲がどんどん広がり、気がつくと普通に外出をするようになっていました。と、そのうち、自宅のある所沢から家族の運転する車に乗って銀座へ買い物に行ったとか、家族旅行へ行ったとか、友達と長距離バスで大阪に行くのだとか、そんな話を嬉しそうに聞かせてくれるようになりました。

ご本人はあっけらかんとしていますが、ちょっと前までは、家からほんの数十メートル先の整骨院まで行くのも「危ない」と言われていたのに、大阪旅行ですよ。こちらとしては、本当に、開いた口がふさがらない、という感じです。

でも体の状態を見ると、足どりはしっかりしてきたし、階段の上り下りだって普通にできている。ご本人が動きたいと思って動いているのだから、止める理由はありません。

実は今年の初め、元気になったがゆえのアクシデントといいますが、家で転倒して救急車で運ばれたことがありました。もっとも病院の検査では、圧迫骨折があるものの「今日骨折したのか、以前からなのかわからない」と言われ、本人の強い希望もあり入院に至らず、すぐに帰ってきました。ほかにも、旅行先で転んだことも何回かあったそうです。

こんな話をすると、「やっぱり危ないから出歩いちゃダメ」なんて考える人がいるかもしれませんが、私はそうは思いません。もともと活発だったCさんにとって、「外に出かけたい」という気持ちは、生きる意欲とも重なるような、とても大切なものなのです。

実際、腰が痛くて出歩けなかった頃、Cさんは心の面でも不調に陥り、抗うつ剤を飲むようになっていました。それが歩けるようになって緩解し、主治医と相談して減薬した。そんな経緯もあるのです。

身体機能の裏付けはもちろん必須ですが、そこが保たれている限り、いたずらに行動を制約する必要はないと思っています。

腰の痛みと背中の妙な凝りは、今ではすっかり消えました。足首の痛みだけはまだ少し残っていますが、それ以外はもう、いたって元気。ご本人はよく

「もうだれも病気だと思ってくれないのよー」

と笑っていますが、私の目から見ても、Cさんはもう病気とは言い難いですね（笑）。

私の経験上、この年齢で、あそこまで運動機能が低下した場合、こんなに回復するのはなかなかありえないことです。その意味で、Cさんのケースは、私にとっても目から鱗が落ちるような驚きの経験といえます。

まずは「へそ巻き」と「タスキ」の理由

ところで、こういったケースで実際にヒモトレを使ってみようと思った場合、「体のどこに巻けばいいのか？」と迷われる方もいるでしょう。

私は、どんな状態のケースでも、まずは一番基本の「へそ巻き」と「タスキ」を試してみるのがいいと思っています。

ヒモトレは、ヒモが肌に触れる刺激がきっかけで、体の働きのバランスを整えると考えられています。体全体のバランスが崩れた結果として、例えば「膝の痛み」のような症状が現れるわけですが、膝が痛むからといって、膝に原因があるとは限りません。むしろ、全身のアンバランスのしわ寄せが、たまたま膝に現れている、という場合も多いのです。

体全体のバランスを整える上で中心的に働くのは、胴体（体幹）です。胴回りのさまざまな筋肉や関節がバランスよく働けば、体の状態は確実によくなります。だから、まずは「へそ巻き」と「タスキ」で、胴体にヒモを巻いてみるのです。

そして、巻いたときにどんな変化が起きるかを、よく観察することが大事です。本人の意識がしっかりしている場合は、体感的に違いがあるかを聞きましょう。

これで症状が改善したり、体感的に「心地いい」と感じたりするようなら、はち巻きや胸、足などにも順次、巻いてみる。その中から、適したものを見つけていくのがいいでしょう。

私たちはどうしても、膝が痛むなら膝の治療、腰が痛むなら腰の治療という発想をしがちです。でもヒモトレでは、そういう考え方はいったん頭から外したほうがいいと思います。これは局所の治療法ではないのです。

ただし、局部の問題が原因で痛みが出るケースも、もちろんあります。典型的なのは、骨折のような整形外科的な障害でしょう。これも高齢者にはよく起きるものです。

この種の障害の場合、ヒモトレでは症状がほとんど改善しません。この性質を利用して、ヒモトレを鑑別診断の一助として使っている整形外科のドクターもいらっしゃいます。

痛みや機能障害を訴える患者さんにまずヒモトレをやってもらい、改善すればヒモトレを勧めるし、改善しなければ器質的な疾患を念頭に置いて診ていくのです。

このやり方は、頭に入れておくと大変役に立ちます。その意味でも、まずはヒモトレをやってみるのがお勧めなのです。

「ヒモを忘れる」ことの意味。ヒモ依存にならないために

さて、最近のCさんですが、ときどきヒモを巻くのを忘れているようです。私の顔

を見ると、少しバツが悪そうに「あら、さっきお風呂に入ったときに外したのよね」などとおっしゃるのですが、おそらくそれまでは、けろりと忘れていたのだろうと思います。これは、必ずしも悪いことではないでしょう。むしろ、ヒモなしでも問題なく生活できるほどに体が整ってきたのだと、私は好意的に捉えています。

ヒモトレは、体のバランスを整えるための効果的なツールですが、使う人が「ヒモ、すごい」という方向の意識を強く持ちすぎると、ヒモに依存するような心理に陥りかねません。

すごいのはヒモではなく、体に備わったバランス調整能力であり、ヒモはその力を引き出しているだけなのです。

〝ヒモ依存〟を避けるための大事なポイントが、体の感覚に目を向けること。いわゆる「体の声をきく」ことですね。

具体的には、ヒモを巻くことによって生じる変化、例えば痛みが軽くなるとか、動作がラクになるといった変化に意識を向け、実感することが、とても大切です。それが、ありのままの自分を受け止め、主体性を保つことにつながります。

そして、ラクになったときの感じを体が覚えてくれれば、体は、ヒモなしのときも、その「いい状態」を保つようになっていきます。これは頭で考えてできることではありません。「ラクな感じ」を体感することで、自然にそうなっていくのです。

Cさんがヒモを忘れるようになったのは、ある意味、体の感覚をきちんと感じ取っている証拠といえます。ヒモを巻いたときと巻かないときの体感上の差が、以前ほど明確ではなくなってきたことを、体がちゃんとキャッチしているのでしょう。

ちなみにCさんは、最近、杖も、よく忘れるのだそうです。「杖なしの外出は不安だけど、持って出ると安心して、どこかに忘れてきてしまう」のだとか。どこかヒモトレのヒモに通じるところがあって、面白いですね。

その後のCさん

実はCさん、昼食、夕食には必ずビールを1、2本、という方なのですが、「酔い」への配慮でノンアル飲料に代えたら栄養不足になり、入院してしまいました。

しばらくして退院してきましたが、足腰が弱り、歩くのは家の中だけで外出しなくなりました。でもCさんは元気です。

鮮やかなピンクに髪を染め、昼食、夕食にはビール系飲料を欠かしません。

ヒモトレで動けるようになり、明るさを取り戻した経験が今も活きているのだと思います。

第四話

へそ巻きで腰椎固定手術から復活！

前回に続いてこのパートでも、ヒモトレを使ってシビアな腰痛から回復したケースを紹介しましょう。

ご登場いただくDさんは、68歳の女性。ご主人と二人で埼玉県内に住んでいます。横浜に住む娘さんが今年の初めに出産されました。Dさんにとっては初孫です。お世話好きのDさんは、娘さんが結婚した頃から、来たるべき孫の出産や育児に際して、あれこれお世話するのを楽しみにしていたそうです。

ところが、腰痛が起きてから、そんな希望に暗雲が垂れこめました。

Dさんはもともと腰のトラブルが多く、しょっちゅうぎっくり腰を起こしていたそうです。とはいえ病院に行くほどではなかったのですが、2013年の末頃、ひどい痛みが起きました。あまりの苦しさに全く動けなくなり、夜中でしたが救急車で遠くの大学病院の救急外来へ搬送されたほどです。

腰椎固定の手術を受けるも、痛みは消えず

その後、転院した病院で「腰椎すべり症による脊柱管狭窄症」と診断されました。「いずれ歩けなくなる」と宣告されたそうです。まだ老け込むような歳ではありませんし、さぞショックだったでしょう。

Dさんは幾つかの医療機関を受診し、複数の医師の意見を聞いた上で、腰椎を固定する手術を受ける決心をしました。

「腰椎固定術」は、腰椎が神経を圧迫している状態の改善を図る手術の一つ。圧迫部位の骨を削って神経を解放した上で、不安定になった腰椎同士をスクリューなどで固

定します。

２０１４年の5月に、手術。このときDさんは、「手術を受ければすっきり治るだろう」と思っていたそうです。「手術」という大きな決断をした立場としては、当然の気持ちでしょう。

ですが実際は、すっきりした結果にはなりませんでした。

確かに、しびれは取れたそうです。でも、腰椎を固定したことで、体の曲げ伸ばしを伴う動作が思うようにできなくなりました。高いところに手を伸ばしたり、床に落ちたものを拾うといった動きが、全然できないのです。

そもそも、普通に立ったり歩いたりすることさえ大変なのです。大きなコルセットをつけていましたが、それでも体を支えられない。外出はおろか、椅子に座っているのもしんどいので、ソファーに横になっているしかありません。

「横になったまま、携帯型のゲームぐらいしかやれることがなかったです」

もともと外出好きで世話焼きだったDさんが、リビングにこもりっきりの日々が始まりました。

〝これじゃダメだ〟と思ってなんとか外に出ても、道を渡るのさえ一苦労。やっと駅に着いたら、今度は、エスカレーターに乗るために足を踏み出すのが大変。エスカレーターの前で何分も立ちすくみ、「無理……」と思って引き返す、そんな日が続いたそうです。

しかも、腰の痛みは相変わらず続いていました。しびれは取れたけれど、痛みは消えなかったのです。そうして「痛くなったら飲むように」と処方されていた強い鎮痛剤を常用していたため、いつも副作用の胃痛や腹痛を抱えていました。そんな様子ですから精神的にも参ってしまい、ついには抗うつ剤を服用するようになっていました。

私がDさん宅を訪問するようになったのは、そんな状況のとき。2015年の5月頃です。

ヒモトレ開始。痛みが取れて体が動くように

当時、私はまだヒモトレと出会っていなかったので、まずは痛みの軽減を狙って、鍼とお灸を始めました。当初はそのために、毎日のように訪問していました。

ヒモトレを取り入れ始めたのは、その年の年末。さっそくDさんにも試してもらいました。最初は、腰周りとタスキ。膝が痛いときは、膝の周りにも巻いてもらいました。

変化はすぐに現れました。まず1週間ほどで、痛みが治まってきた。痛みが取れれば、鎮痛剤の量が減りますから、胃腸の症状も良くなります。これでずいぶん楽になり、訪問頻度を減らすことができました。

そのうち、体を支える機能がしっかりしてきました。立つ、歩くといった動作が、徐々にできるようになってきたのです。ご本人もそれが感覚的にわかったのでしょうね。コルセットに頼る気持ちが少しずつ薄れ、だんだん使わなくなっていきました。

鍼灸だけで対応していたときにも、症状が軽くなって、多少は動けるようになっていました。でも、どこか治療に依存気味で、治療の回数が多いままだった。それがヒモトレを導入すると、自立的な気持ちが出てきて、治療頻度を減らすことができたのです。

そしてその頃から、体型にも変化が現れました。ずっと寝込んでいた頃のDさんの体型は、どこがウエストなのかよくわからない、のっぺりしたシェイプだったのですが、徐々に〝くびれ〟ができて、ウエストの輪郭が現れました。

固定された腰椎そのものはほとんど動かせないのですが、体幹全体としては、ひねりや屈曲の動作ができるようになってきた。それが体型の変化につながったようです。

当時、娘さんが入浴の介助でときどきいらしていたのですが、服を脱いだDさんの姿を見て、思わず「人の形になってきた！」と言ったほど。それぐらい、劇的な変化だったのです。

1日1万歩以上も歩けるまでに回復

それから約1年半。現在のDさんは、へそ周りのヒモを常用しています。二重にしたヒモをお腹にゆるく巻くのが、彼女のスタンダード。体調によってタスキを併用することもあるようですが、コルセットは全く使っていません。訪問時には電気鍼の施術。この組み合わせで体調を維持しています。

毎日の歩数は5000〜7000歩ぐらい。多いときは1万歩を超えることもあるそうです。この年代の女性としては、十分活動的なレベルといっていいでしょう。うんと歩いたときに少し腰が重くなることもあるようですが、そんなときは一休みすれば、また歩けると言います。自分の体の様子が自分でわかるようになったのは大きいですね。

横浜の娘さんのお宅にもしばしば訪れており、出産や育児のお手伝いも十分にできたようです。「お宮参りとかいろいろと引っ張り出されて、もう大変だったの」などと嬉しそうに話してくれました。

ほかにも、都内の友人のところへ遊びに行ったり、ショッピングを楽しんだりと、有意義な時間を過ごしているようです。なにしろ、いろいろな予定が飛び込んでくるので、私の訪問診療もときおりドタキャンされるほどです（笑）。

在宅で診療する患者さんは、通常、外出して人と会うような予定などありません。そういう予定がだんだん減っていき、やがて自宅から全く出なくなるのが一般的。だから、外出の予定が次々に入ってくるなんて、それだけで本当に素晴らしい。そんな理由で診療をキャンセルされるなら、私も嬉しいですよ。

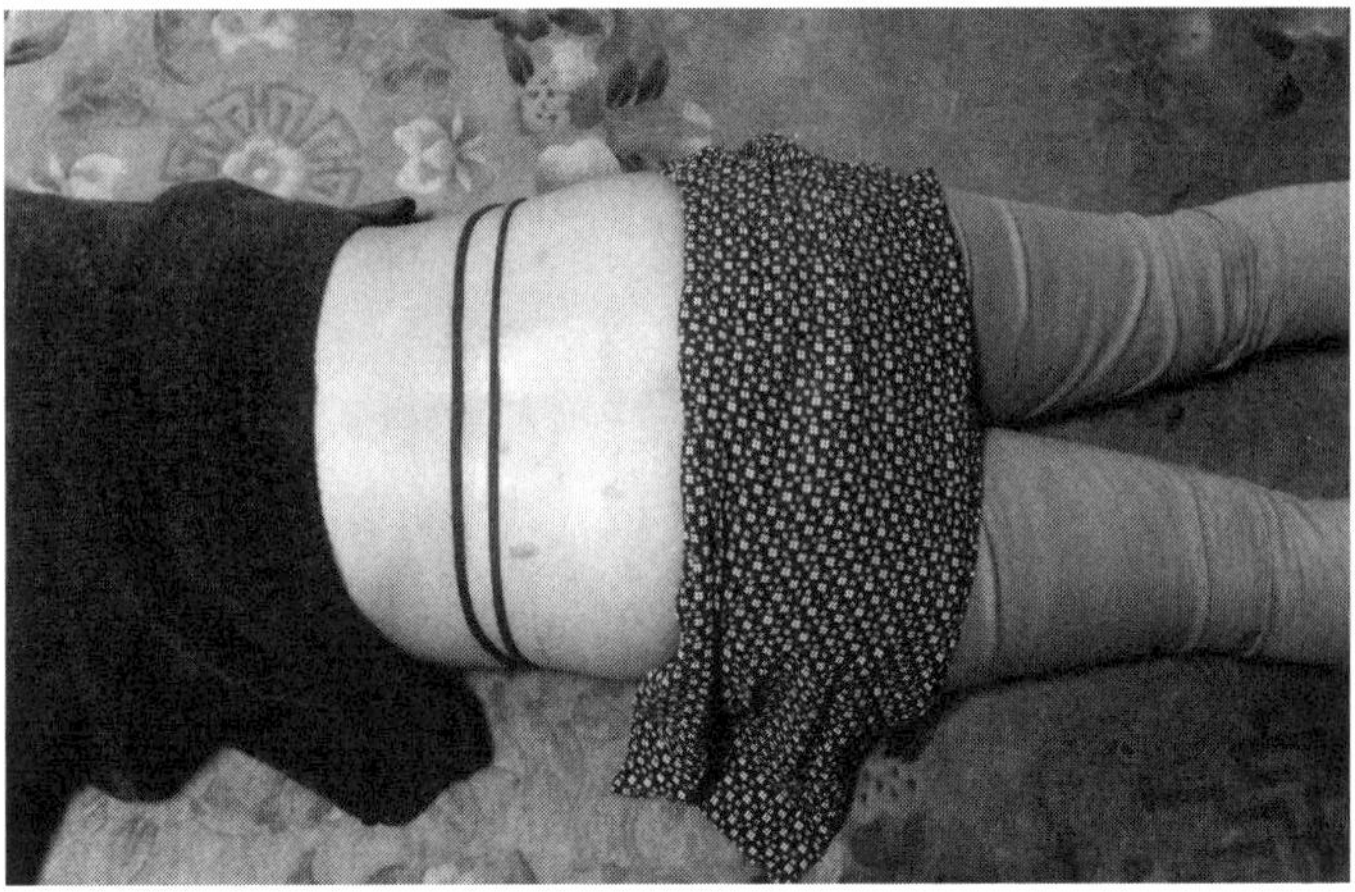

「腰周りにゆるく二重に巻くのが気持ちいい」とDさん。たくさん歩く日はタスキも併用するなど、自分の感覚で巻き方を調整しているという。

Dさんは、「出歩けなかった頃は、ここでずっとゲームばかりしてるぐらいなら、もう死んだほうがマシだなんて思っていました」と語っています。人にとって「動ける」ということは、それほどまでに大切なのだと教えてくれる言葉ですね。

原因がよくわからない状況にこそ、ヒモトレ

ところで、こんな劇的な回復ぶりを目の当たりにすると、あの痛みは一体なんだったのだろう、などと考えることがあります。

Dさんは「腰椎すべり症による脊柱管狭窄症」

という病名を告げられていました。これは、腰椎がすべるようにずれて脊柱管が狭くなり、神経が圧迫された状態を指します。圧迫された結果として、さまざまな症状が出るわけです。ちなみに前回紹介したCさんも、同じような診断（脊椎すべり症）でした。

物理的に圧迫された神経の働きが悪くなるのは、理解できます。ただ、その場合、圧迫によってシグナル伝達がうまくいかなくなるのですから、現れるのは「麻痺」「しびれ」「感覚の低下」などです。「痛み」というのは、むしろ強いシグナルが伝達されることであり、もし神経の圧迫によって痛みが起きるのであればそれは異所性発火という現象です。

また、ＣＴなどで神経が圧迫されているように見える所見があったとしても、その圧迫の度合いと痛みの強さは、必ずしも相関しません。例えば前回のCさんは、画像上の所見はほとんど変化していないのに、ヒモトレによって痛みが消えているのです。圧迫が痛みの原因だとすると、消えた理由が説明できませんね。

こんなふうに考えていくと、痛みという症状の実体は、思いのほか曖昧で、捉えにくいことがわかります。何が痛みの元なのかを明確にするのは、案外、難しいのです。

ヒモトレが興味深いのは、こういうはっきりしない症状に対して、しばしば高い効果をもたらすこと。むしろ、はっきりしない症状を相手にするときこそ、ヒモトレの真骨頂が発揮されると言えるかもしれません。

というのも、ヒモトレが働きかける「体のバランス」というもの自体が、なんともつかみどころのないものだからです。体のバランスが崩れて何か症状が出ているようなときは、どこか特定の部位に明確な障害があるわけではない。全身のつながり方やまとまり方が、全体として偏っているのです。

ヒモトレは、そんな全身的なアンバランスさを、全体的に整えてくれる。すると「何をしたのかよくわからないのに、いつの間にか治っている」といった感じで、症状が改善します。これは何度体験しても、なんとも不思議な感覚です。

「原因を明らかにして、それを治す」というのが現代医療の基本的なアプローチですが、ヒモトレにはどうやら、そういう発想に収まらない独特の特性があるのです。そしてそれが、「在宅医療」という、急性期医療とは性格の異なる場において、いい感じの仕事をしてくれる。このあたりも、ヒモトレの興味深いところです。

その後のDさん

　心身ともに元気を取り戻したDさんは、たった一人で誰も想像できなかった計画を実行に移します。

　なんと家に旦那さんを残したまま、娘さん一家の住む横浜で一人暮らしを始めたのです。

　腰痛が再発した際に一度だけ治療に行きましたが、ずっと思い描いてきた一人暮らしを現実のものにしたDさんは、娘や孫、友達との生活を本当に楽しそうに語ってくれました。そしてその腰、その背中には「ヒモ」が欠かさず巻いてありました。

第五話

〝良い人生だった〟と思ってもらうためになにができるのか

今回は、2017年の夏に85歳で亡くなった女性、Eさんのお話をしましょう。

Eさんはもともと、ある大きな介護施設に入っていました。膝などに痛みがあり足はパンパンにむくみ、リウマチと診断され、まるまる4年間、寝たきり状態だったそうです。

今年の1月に、別の小規模な介護施設へ移ったことがきっかけで、私が関わることになりました。そのときも、両足が太ももまでパンパンにむくんで、全く動かせない状態になっていました。

なにしろ、ちょっと触れるだけでもひどく痛む。そのため膝や足首を動かすリハビリなど、何もできなかったようです。移ってきた施設で、2階の部屋へ入るためにスタッフが体を抱きかかえたときも、「痛い、痛い」と大きな声が出ていました。

わずか一晩でむくみが改善。骨の輪郭が浮いてきた

私は入所当日に診させてもらいましたが、痛みが相当強いため、〝この状況でできることは限られるな〟というのが正直な実感でした。

とはいえ、何もしないわけにもいかない。とりあえず、足首と膝下あたりにヒモを巻きました。ヒモトレのヒモはゆるく巻くのが原則ですが、それでも通常は、ずれにくい程度には結わえます。でもこのときは、とにかく痛くないことが最優先と考えて、

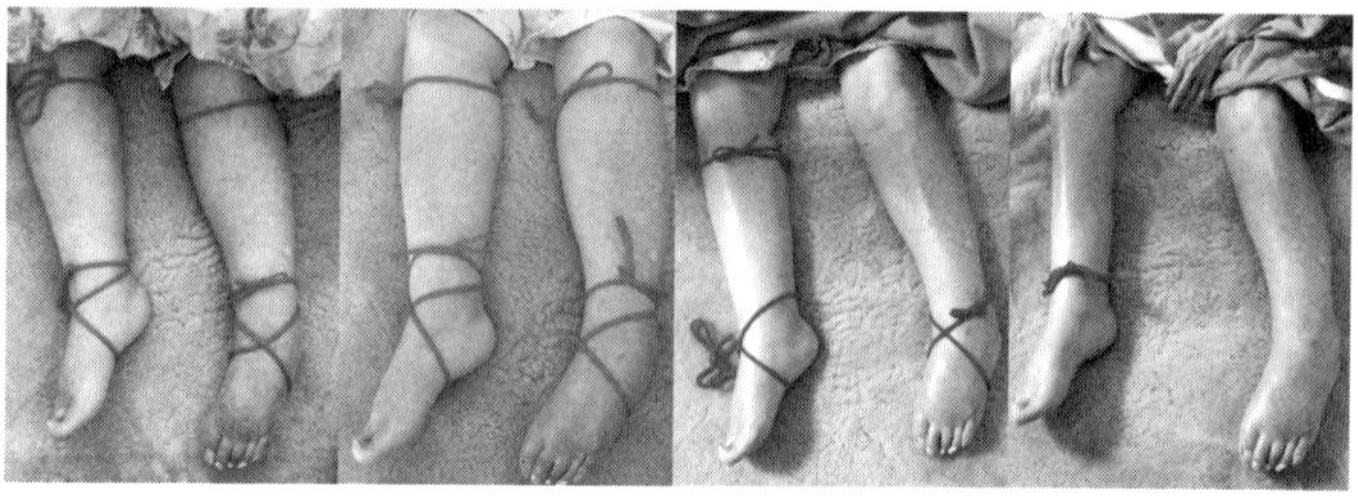

左から初日、翌日、6日目、10日目。むくんでいた足が細くなっていることがわかります。

本当にゆるゆるに巻きました。
　この施設のスタッフは皆、ヒモトレのことをよく知っているので、1日中ヒモを巻いたままにしておいても大丈夫です。ヒモの管理をスタッフに託し、その日は帰宅しました。
　翌日。スタッフから電話がありました。Eさんの足のむくみが、たった一晩で〝しぼんできた〟というのです。

　まさか？　本当？　などと思いながら行ってみると、本当なのです。前の晩にはパンパンに腫れあがっていたふくらはぎが、一回り細くなり、すねやももの骨の輪郭が、うっすらと浮かんでいます。〝これはすごい〟と思いながら、細くなった足に合わせてヒモを結わえ直しました。

足は日増しに細くなっていきました。6日後の写真では、骨の縁が浮かんでいるのが、写真でもおわかりいただけると思います。

むくみが取れると、痛がることも減ってきました。指がわずかに触れただけでも痛い痛いと言って4年間、誰にもまともに触らせてこなかったのに、ほんの2週間ほどで、マッサージや、関節を曲げ伸ばすリハビリ動作などができるようになりました。

「足が動くようになって本当に楽しい」

と同時に、足首を回したり、足を浮かせたりといった動作が、自分でできるようになっていった。もう自力では動かせないと思っていた足が、動いたのです。

実は、ヒモを巻き始めた直後から、足元の掛け布団が夜間のうちにずれることに、施設のスタッフが気づいていました。Eさんの足は就寝中、無意識のうちに動き始めていたわけです。

足が少しでも動けば、筋肉がポンプの役割となり血液やリンパの流れを促しますから、むくみが改善します。すると痛みが取れるし軽くなる、張りが退けば関節の動きが一層よくなって、水分循環もさらに改善——という連鎖が見込めます。ヒモを巻いたことがきっかけで、Eさんはこういう好循環に入っていったのでしょう。

「足が動くようになったね」と話しかけると、Eさんは、ピンと伸ばした足を浮かせたり、足首をちょいちょいと動かしたりしてみせながら、

「動くようになって本当に楽しい」

と話してくれました。冗談めかして、「そのうち歩けるようになったりしてね」などと笑っていたこともあります。本当に、楽しそうでした。

Eさんが「目が見えない」と言われた理由

さて、そんな劇的な改善ぶりを示したEさんですが、施設を移った時に前の施設から申し送りされてきた機能評価の資料には、驚きの記述がありました。そこには「目が見えない、耳が聞こえない」と書かれていたのです。

ヒモトレを開始してから16日目の写真。始める前との違いは一目瞭然。

私は当初からEさんと、目を合わせて挨拶していましたし、会話も普通に交わしていました。むろん年齢相応に若干耳が遠くなったりはしていましたが、「見えない」「聞こえない」などと言われるような状況ではない。どうしてそんな評価になったのでしょう。

これは想像ですが、おそらくEさんは前の施設にいた頃、介護スタッフが声をかけたり、顔の前で何か動作をしたりしたときに、ほとんど反応を示さなかったのだと思います。そのため、「この人は見えない、聞こえない」という扱いを受けていた。それがそのまま記載されてきたのでしょう。

では、どうして反応しなかったのか。まず考えられる理由は、痛みです。体のどこかに強い痛みがあってしんどいとき、人から話しかけられてもきちんと対応をする気にならないのは、私たちにもよくあること。強い痛みを長期にわたって抱えていたEさんが、そんな心境になっていたとしても、不思議ではありません。

そしてそもそも、それほどの痛みを訴えるEさんに対して、前の施設では有効な対策が示されなかったわけです。当初、どんな手を打ったのかはわかりませんが、最終的には「寝たきり」にさせておくしかなかったのですから。Eさんにしてみれば、「放置されている」と感じざるを得ない状況といえます。

そのような扱いを受ける中で、Eさんが心を閉ざし、対話を拒否するようになったというのも、十分に考えられることでしょう。

閉ざされた心が和らぐために必要だったこと

こんなふうに考えていくと、ヒモトレがEさんにもたらしたものは、痛みやむくみといった症状の改善にとどまらない、もっと根源的な、生きる姿勢の変化だったことがわかります。

いや、もちろん、その変化のすべてがヒモトレのおかげ、と言うつもりはありません。Eさんが移った小規模な介護施設のスタッフによる生活感のある血の通った介護が、Eさんの心を和らげ、開いていった主な要因であるのは、言うまでもないことです。ただ、心が和らぐためには、それを妨げていた障害が取り除かれる必要がある。Eさんの場合は「痛み」という大きな障害がありました。これが楽になったことで心が開かれる素地が整った、というのは、とても大事なポイントだと思います。

さらにもう一つ。「足を動かす」という身体機能の面でも、痛みが大きな障害になっていました。足がパンパンに張って激しく痛み、動かしたらもっと痛むかもしれない、そんな状況で、足を動かそうとする人はいません。痛みやむくみが消え、落ち着いて自分の体と向き合えるようになったから、足が動くかもしれない、動かしてみようと思うようになったのです。

筋力や関節の可動域といった身体機能面だけで言えば、Eさんの体には当初から、足を動かすだけの力が備わっていたはず。ただ、痛みが妨げになって、その能力が発揮されずにいたわけです。

これは、「見る」「聞く」の能力も同様。Eさんの体はその能力を保っていましたが、痛みなどの障害によって、その力が（少なくとも外観上は）発揮されなくなっていた。障害が除かれたため力が発揮され、Eさんはコミュニケーションを取り戻したのです。

Eさんは若い頃から短歌が好きで、多くの句を作ってきたそうです。同じ施設のデイケアに通う人で、やはり短歌好きの方がいらっしゃり、その方が来るたびに、二人で延々と短歌の話題に花を咲かせていました。盛り上がりすぎて、歌風の違いから口論になることさえあったとか。

それは、「見えない」「聞こえない」などと言われたことがあるとはとても思えない、生き生きとした姿でした。

最期に「いい人生だった」と思ってもらえるための介護

Eさんは今年8月に永眠されました。ろうそくの火が消えるような、静かな旅立ちだったそうです。

後日、娘さんからお手紙をいただきました。「心に平安を得て天国に帰って行きました」と綴られた文面から、最後の8カ月が、Eさんにとっても家族にとっても満ち足りた日々だったことが伺えました。

どんなに医療が進歩しても、人はいつか、必ず最期を迎えます。そのときに、本人や家族が「いい人生だった」と思えるには、何が必要なのでしょう。これはあまりに大きな問いですが、その一つの要素として、私は「身体を全うすること」を挙げておきたいと思います。

人の体の機能は、年とともに確実に衰えます。残った体の働きを、どこまで発揮させられるか。持っている力が十分に発揮されない状況に陥ってしまうと、何かしら悔いが残るような最期につながりやすい。私はそんな気がするのです。

ヒモトレは、体の働きのバランスをとり、身体機能を過不足なく発揮させます。そんな等身大に立ち戻るためのメソッドだから、人生の最終盤をサポートするのにも役立つのかもしれません。

その後のEさん

　Eさんのケースは当初から反響が大きく、「下肢浮腫に効くヒモトレ」という捉え方、伝え方をされることが多くありました。

　ですが、ヒモトレによる変化はそんなに単純なものではないということが、このお話から少しでも伝わってくれたらいいな、と思います。

　不思議なもので浮腫「にも」効いたりするのに、浮腫「には」効かなかったりします。ヒモトレは全体性を取り戻し、今の自分に気がつくためのツールなのです。

第六話

ヒモで結び直された〝親子の絆〟

今回は、43歳の女性、Fさんのお話を紹介しましょう。

Fさんは、ダウン症です。ダウン症は、生まれながらに21番染色体が1本多いことが原因で起こる、先天性の疾患群です。発達が緩やかなことなどが特徴ですが、症状の現れ方にはかなり個人差があります。

お母さんによると、Fさんは子供の頃から物覚えが良くてあまり手がかからず、一人で歩いて外出し、ショッピングなども自分でしていたそうです。

２０１６年の秋口ぐらいまではそんな感じで、自宅で普通に生活していましたが、10月頃に体調を崩し、入院することになりました。

ずっと自宅で暮らしてきたFさんにとって、病院での生活は、ストレスフルで馴染み難いものであったとお母さんは感じていたようです。病院スタッフとうまくコミュニケーションが取れず、点滴などの治療が困難な状況に陥ったそうです。

そのため、「治療上の必要性から」という理由で、病院ではFさんの体を拘束することになったそうです。

お母さんの言葉を借りれば、「ベッドに縛り付けた」わけです。

するとどうなったか。２週間も経たないうちに、Fさんの体は、筋肉や関節が硬直し、まともに動けなくなってしまったそうです。歩くことはもちろん、ベッドに腰掛けた姿勢をキープすることさえ困難になったのです。

驚いたご家族は、Fさんを自宅に連れ帰りました。そして訪問診療をしているドクターに主治医を依頼。

その医師が、関節などを動かすリハビリを取り入れた方がいいと判断したことで、私もFさんの診療に関わるようになりました。それが昨年（２０１６）の11月のことです。

「ダウン症の末期だから仕方がない」

医療を提供するにあたり、例えば患者さんがどうしても点滴針を抜いてしまうなどといった場合に、家族への説明や承諾などの手続きを経た上で、患者さんの身体を拘束することがあります。

Ｆさんの場合も、そういう判断が下されたものと思われます。

一般にダウン症の人は、若年性のアルツハイマー病（40～50代ぐらいで発症）の発症率が高いと言われています。そのため病院側は、Ｆさんの状況を、一時的な混乱というより「認知症」と捉えていたそうで、お母さんは「治療のためには拘束するしかない」と言われたそうです。

また、ダウン症の人は、かつては短命に終わるケースが多いと考えられてきました。心臓や免疫系などに先天的な障害を抱えていることも多く、老化の兆候も早くからあらわれてきます。そのため、40代半ばに差し掛かったＦさんのような方は、往々にして〝終末期〟として扱われてしまいます。

医療技術などが進んだ今では、長生きする人もたくさんいるのですが、それでもそういう見方は今も根強く残っています。

そういった背景情報（先入観とも言えますが……）があるためでしょうか、病院ではお母さんが何を言っても、「もう何をやっても無理」という反応しか返ってこなかったそうです。コミュニケーションが取れないのも、体の機能が落ちてしまったのも、「ダウン症でこの年齢だから仕方ない」と言われてしまう。

でも家族としては、ほんの少し前まで普通に歩いて、会話していた姿を知っているので、そんなふうに言われても納得できない。それで自宅に連れ帰った、と、そんな経緯でした。

心が落ち着けば、体の機能がきちんと発揮できる

体の状態が急変し、少し前までできていたことができなくなったとき、誰よりも本人が、大きなショックを受けます。私が初めてFさんに会ったときも、体が思うよう

に動かなくなったことに驚き、拘束されたことを納得できず、それらの自分の思いは伝わらない、そんなやり場のない感情があるのかな、と思いました。

そんなときは、ヒモトレです。

ここには二つの意味があります。一つは、へそ巻きやタスキには、荒れた気分を少し収める作用があること。おそらく、肩や背中を手のひらでさするのにも似た柔らかい接触感覚が、とげとげしくなった心をじんわりとほぐしてくれるのでしょう。

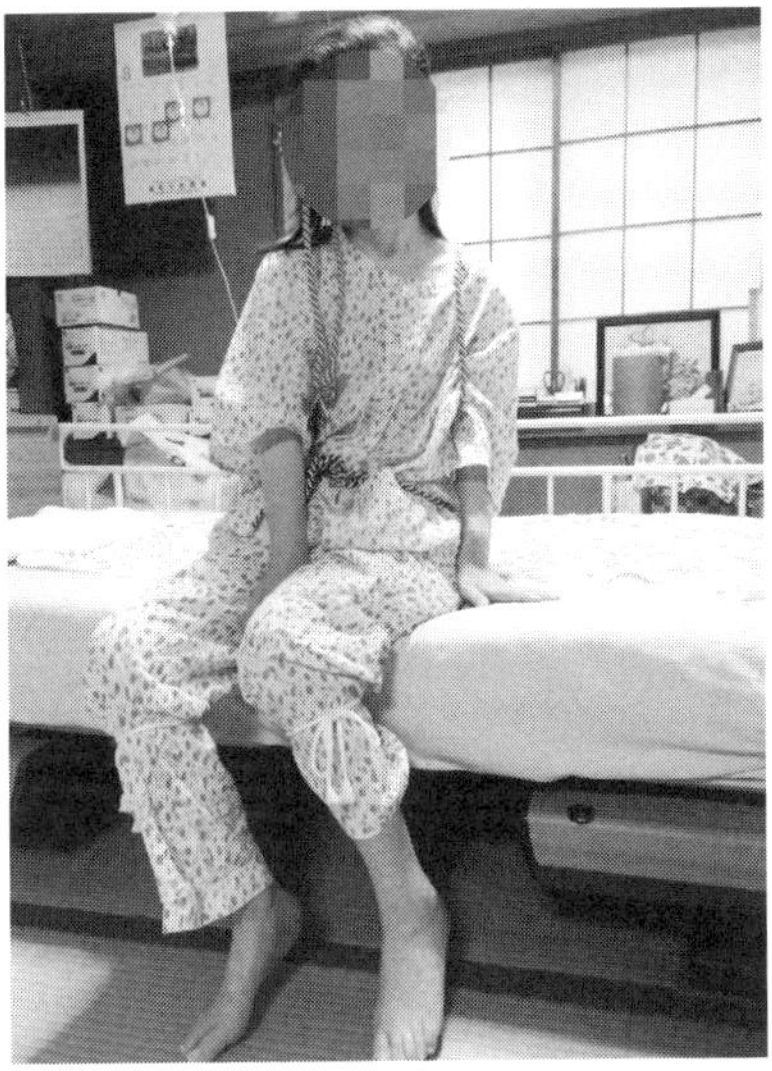

ベッドに腰掛けるFさん。へそ巻き、タスキ、はち巻き、膝ヒモを巻いた状態で、体が安定している。

そしてもう一つ、ヒモトレには体をまとめ、姿勢を安定させる作用があります。床や椅子の座面とのコンタクトが安定し、姿勢がどっしりと落ち着くのです。そうやって体が安定すれば、心も落ち着くものです。

人は誰でも、心や体が乱れると、身体機能が低下します。スポーツ選手だって、不安や不満を抱えたり、興奮や緊張が高まりすぎたりしているときは、いいパフォーマンスを発揮できないですよね。ああいう状況は、誰の体にも起きるのです。

逆に言うと、乱れた心身の状態を落ち着けるだけで、身体機能はアップします。いや、「アップする」という表現はやや不正確でしょう。より正確にいうなら、本来身に備わっているのに、うまく発揮されずにいた力が、心身が落ち着くことできちんと出せるようになるのです。

へそ巻きとタスキを巻いてみると、Fさんは、何事もなかったかのように自然に、ベッドに座りました。「ちょっと座ってみる?」「やだこわい!あれ?」という感じで、実にあっけなく、です。

彼女の体には、座った姿勢を保つだけの力がきちんと備わっていた。それが、ヒモを巻いた途端に現れたのです。

それから約1年間、訪問するたびにへそ巻きとタスキ、はち巻きなどを巻き、手足の関節を動かすリハビリやマッサージ、座位・立位のトレーニングなどを行なってきました。

少しずつ体が動くようになってきたこともあり、最近は、Fさんの表情に自然な笑みが戻ってきました。心身ともに落ち着きを取り戻し、少しですが大好きなバニラアイスやヨーグルトを口から食べたり、家族と一緒に車椅子で外出したりもできるようになりました。

ダウン症患者は加齢変化が早い、というのが医学的事実だったとしても、それはあくまで一般論です。Fさんの体がどれだけ動けるのかは、Fさんの体だけが知っています。実際、ヒモを巻いてリハビリをすることで取り戻せた部分がある、というのが、この1年間の結果。先入観にとらわれず、やってみる価値があるのです。

お母さんの心の中に起きた、大きな変化

さて、今回のお話は、実はここからが本題です。

今回、この小文を書き起こすにあたり、あらためてFさんのお母さんに、この1年

を振り返っていただきました。「以前と比べて何が変わったと思いますか？」との問いに、お母さんはこんなふうに答えてくれました。

「この子が元気なままだったら、逆に将来の不安とか、もっといいやり方があるんじゃないかなどと、ずっと気を揉んでいたかもしれません。今はかえって以前より平穏になったように思います。いたずらに先のことを考えず、1日1日を幸せに過ごせればいいと思うようになりました」

この話を伺っていたとき、お母さんの傍で、Fさんは「うん、うん」と頷いていました。きっと彼女も、お母さんと同じ心境だったのでしょう。

お母さんはさらに、こんなことも話してくれました。

「前は、どうしても〝こうするのが正解〟っていう思いが強くて、こちらの感覚で押し付けていた部分がありました。だからこの子の中には、それへの反発がずっとあったのだと思います。それが今は、何をするにも必ず本人の意思を聞いて、やりたいっていうことだけをするようになりました。そうしたら、「ありがとう」って言ってくれるんです。それが嬉しくて」

このお話、お母さんはさらっとおっしゃられたのですが、とても大切な内容を含んでいると、私は思います。

私はこれまで介護の場面で、さまざまな家族関係に接してきましたが、親が子の面倒をみるケースというのは、思い入れが強い分、「こうした方がいい」「こうしなきゃダメ」という気持ちも強く現れやすいもの。〝親心の押し付け〟になりやすいのです。それが原因で、いろいろなトラブルが生じていることも少なくありません。

きちんと本人の意思を確認し、尊重しながらものごとを進めてみる。するとその方が楽になることがある。これは、通常の子育てでもそうですよね。私自身、自分の子供に対しては、つい考えを押し付けてしまうことがあります。仕事としてではなく、家庭の中、家族関係の中で、ましてや自分の子供に対して「本人の意思をくみ取り尊重する」ことを実践するのは、思いのほか難しいことです。

「等身大の自分を受け入れる」ことの意味

どうやって、お母さんはこんな心境に至ったのでしょうか。ここからは私の想像ですが、私は、もしかしたらこのあたりにも、ヒモトレの影響が及んでいるのではないか、と思っています。

これは一般論ですが、加齢や病気、障害などによって体の機能が低下してきたとき、ある人は、その現実がなかなか受け入れられず、元気だった頃のイメージにしがみついたり、またある人は奇跡的な（非現実的な）回復を追い続けたりします。

その一方で、失意から「もう私の体は動かない」という後ろ向きの思い込みに凝り固まってしまう人もいます。これらの観念はどれも、現実と向き合うことを妨げるという意味で、度がすぎると厄介なものです。

ヒモトレは、体に触れたヒモが体を刺激することで、観念ではないリアルな自分の姿を浮き彫りにします。思い込みが外れ、素の自己像が自分の中に入ってくるのです。

ヒモトレ発案者の小関勲さんは、この作用を「等身大の自分が浮かんでくる」と表現していいます。過大評価でも過小評価でもない、リアルな〝今の自分〟が感じられるわけです。

Ｆさんのケースでは、この「等身大作用」が、本人のみならず、お母さんにも及んだのではないでしょうか。お母さんがヒモを身につけたわけではありませんが、いつもＦさんの傍にいたわけですから、Ｆさんの心身の変化がお母さんに〝伝染〟したと考えるのも、おかしな話ではないと思うのです。

この1年、私の目には、Ｆさん本人が落ち着きを取り戻していったのと歩みを合わせるように、お母さんもまた1年がかりで地に足をつけていかれたように見えました。「『これが正解』という考えを手放して、まず本人の意思を聞く」という発想は、そんな中から自然に出てきたように思えます。

いたずらに高望みをせず、かといって悲観するでもなく、現実を淡々と受け入れる。言葉にするとまるで禅のお坊さんのような境地ですが、老いや病と付き合うには、こんな心のあり方がとても役に立ちます。そしてヒモトレをすると、なぜかそんな心境に近づいていく人が多いのです。実に、興味深いことです。

その後のFさん

ヒモトレが見せてくれるのは、その人が持つありのままの体、そして全体性です。暗示というよりはその逆の、暗示を解くような、思い込みを和らげてくれるような現象です。

Fさんのケースのように、変化が周囲にも伝わり、巻き込んでいくことも珍しくありません。

ヒモトレはとても低いリスクとコストで試すことができますので、諦めず、期待しすぎず、無理のない範囲で、取り組んでみると良いと思います。

第七話

介護の現場での〝ヒモトレ〟

このページではちょっと趣向を変えて、介護する側のお話を紹介しましょう。まずご登場いただくのは、ある小規模な介護施設の管理者であるGさん（70歳女性）です。

この施設では現在、Gさんを筆頭に、スタッフのほぼ全員がヒモトレを活用しています。へそ巻きとタスキを身につけて、仕事をしているのです。

ご存じのように介護の仕事は、患者さんの体を支えたり持ち上げたりといった重労働を伴います。相手はバランス感覚などの身体機能が低下していることが多いので、ちょっとしたミスが大きな事故につながりかねません。

ヒモトレを使うと、そういった業務が段違いに楽になります。以前だったら3人がかりだったトイレ介助が二人でこなせるほど、違うのだとか。だから管理者のGさんはスタッフに、「体を持ち上げるような介助をするときは、必ずヒモを巻いて行なうように」と伝えているそうです。

そしてスタッフの皆さんも、実際の業務の中でヒモトレの効果を実感されていますので、積極的に活用しています。特に、もともと腰痛がある方などからは、本当に感謝されています。

ですが、私が最初にヒモトレをGさんに紹介したときは、全く信じてもらえませんでした（笑）。「そんなヒモ1本巻いたぐらいで何が違うのよ？」と、はっきり言われましたから。

専門家ほど、ヒモトレを安易に信じない

医療や介護のプロは、身体機能を変化（好転）させることの難しさを知っています。

シビアな現実を山ほど経験しているからです。だからヒモトレに対しても、「そんなうまい話、あるわけない」というリアクションが返ってくるのが普通です。

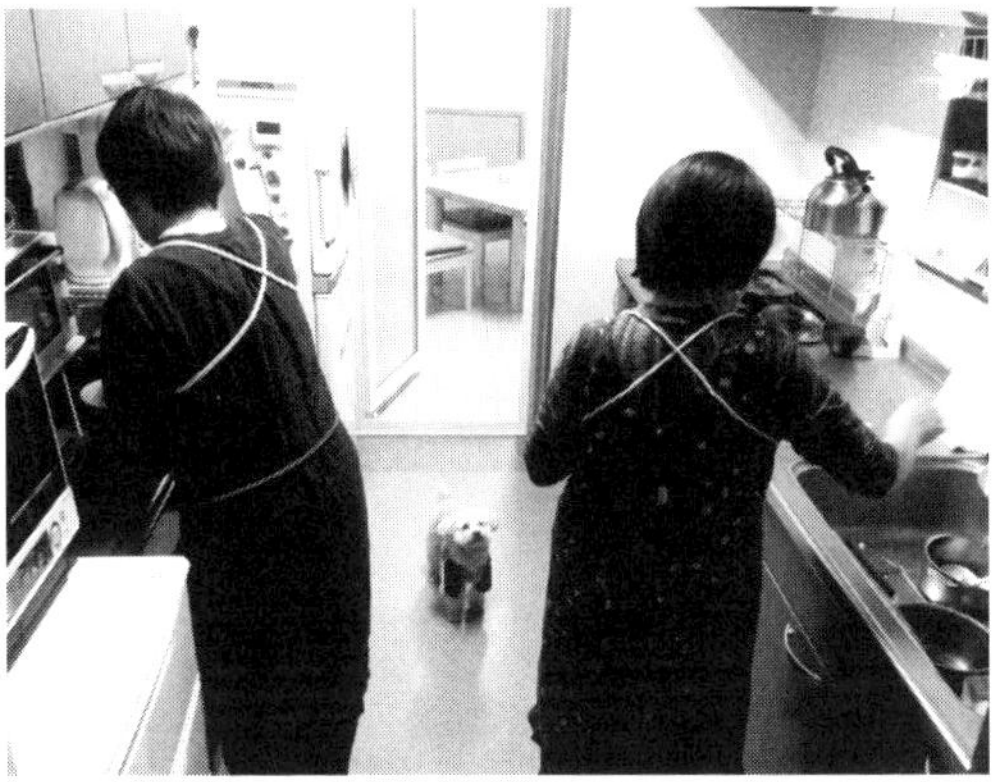
ヒモをつけて作業をするスタッフの皆さん。

Gさんも、最初はそんな感じでした。それでも私とは付き合いが長く、ある程度の信頼関係がありましたから、「ほんとなの〜？」などと言いながらも、自分で試してくれました。

健康な人にとって、ヒモトレの効果は案外、わかりにくいものです。痛みや機能障害は特にないし、そもそも体力が十分にあるので、日常レベルの運動には不自由していない。そんな人が単にヒモを巻いても、変化がピンとこないのです。

そのためセミナーなどではよく「重いものを持ち上げる」「階段を上る」のような方法で負荷をかけて、ヒモありとヒモなしの違いを感じてもらいます。少ししんどいことをしているときの方が、違いがわかりやすいのです。

Ｇさんには、股関節周りに斜めにヒモを巻く「脚ヒモ」をつけて、階段を上ってもらいました。このとき、ちょっとした発見がありました。

まず最初、ヒモなしで上ってもらい、そのあとにヒモをつけてもう一度上ってもらったのですが、Ｇさんの反応は「何か違う？」という感じでした。ところがその後、再びヒモを外して上がると、Ｇさんは「あら、体が重い！」と驚きの声をあげたのです。

つまり、階段を上るという状況では、「ヒモあり」→「ヒモなし」の順番の方が、体感的な落差を実感しやすいのですね。細かいことですが、この発見は、その後、私がヒモトレセミナーをやるようになったときに、とても役に立っています。皆さんも、人にヒモトレを勧めるときのコツとして、覚えておくと役に立つかもしれません。

「ヒモで良くなるなら、薬はいらないです」

自分の体で効果を実感してからのGさんの行動は素早く、すぐに施設のスタッフたちにも勧めてくれました。また、私が施術の中で患者さんに使うヒモトレにも関心を持ってくださり、次々といろいろな使い方を習得していきました。

まあ〝習得〟といっても、技術的にはヒモをゆるく巻くだけですから、難しいことは何もありません。問題は「どんな場面で使うか」ですが、これは現実には、下手に考えるより、とりあえずやってみて変化があるか観察する、という発想でやっていけます。ヒモを巻くだけですから、デメリットはまずない。メリットが認められれば続けるし、なければやめればいい。それだけなのです。

そんなふうにいろいろと試す中で、現在、Gさんの介護施設でよく使われているヒモトレメニューを紹介しましょう。

まず基本は、へそ巻きとタスキ。これが体の全体性を整える上でベースとなるヒモトレとなります。必ず両方またはどちらかは前提として使われ、その上で、状況に応じてほかの巻き方も〝オプション〟的に追加します。

その一つ目は、食事のときのえぼし巻きです。これを巻くと嚥下機能がかなりスムーズになるので、食事の介助が楽になり、結果として食事時間も短く済むそうです。

もう一つは、足首や膝下にヒモを巻く方法。これは特に、むくみが強いときに有効です。身体機能が落ちてきた人は、筋肉の活動低下に伴って足がむくみやすい。腎機能が低下していれば、なおさらです。そしてむくみがひどくなると、関節の動きが悪くなって、一層動けなくなるという悪循環に陥ります。また、そんな状態の人はたいてい血圧もかなり高い。要介護状態の人にとって、むくみは大敵なのです。

足にヒモを巻くと、それだけでむくみが改善し、動きが良くなります。そして足を動かす機会が増えれば、さらにむくみが改善する。そして、むくみが取れることで、高血圧が改善して降圧薬を減らせる（または離脱できる）ケースさえあるのです。

「ヒモで良くなるなら、薬はいらないです。自分の体で治せるなら、それが一番」（Gさん）。

ヒモトレが、歓迎されるとは限らない理由

と、こんなふうに書くと、本当にいいことづくめで、それなら介護施設にヒモトレがどんどん普及するのだろう、と思うかもしれませんね。でも残念ながら、実際は違います。

例えば、先ほど紹介したえぼし巻き。嚥下機能を改善する作用があり、現在、飲み込む力が衰えた（または失った）ように見える人でも、えぼし巻きをすれば、もう一度口から食べられる可能性があるわけです。

でも、それを実現するためには、周りにいる人がそこに価値を見出して、口から食べさせるチャレンジをする必要があります。

現実はどうか。この業界に身を置く私の実感では、この先大幅な機能改善が望めるわけではない高齢者に対して、手間暇かけてヒモを巻いて一口ずつ食べさせてみるような介護施設は、ごくわずか。嚥下機能が落ちてきた場合、多くの専門家がまず考えるのは「誤嚥を防ぐ」というリスク管理であり、そのためのもっとも安全な管理方法は、むしろ「口に食べ物を入れない」こと。そして、点滴や胃ろうなどの技術を使えば、それが可能なのです。

Ｇさんは、たとえ大幅な回復が望めなかったとしても、少しでも口から食べることに意義があると考え、ご自身の施設でそういうケアを実践しています。そういう考え方だから、ヒモトレが「役に立つ」という評価になる。ですが、〝誤嚥を防ぐことが最優先、口から食べさせるなんてとんでもない〟という発想だと、ヒモトレに価値を見出すことはないでしょう。

歩行訓練も同様です。

普段は車椅子に頼っているけれど、ヒモトレをすれば少しは歩ける、という人がいるとしましょう。ヒモを巻いて積極的にリハビリをすれば、多少の機能回復が期待できますが、そこには転倒のリスクがあるし、人手もかかる。安全なのは、行動範囲を車椅子とベッドの上に限定してしまうこと。現在の介護業界の現実は、むしろこちら側の発想が主流です。

私は立場上、患者さんの家族と接する機会が多いのですが、家族はたいていの場合、「一口でも食べてくれたら」「一歩でも歩けたら」という発想を自然に持っており、「ヒモトレでこんなことができた」という話を素直に喜んでくれます。でも医療や介護の専門家は、必ずしもそうとは限らないのです。それだけに、Gさんのような方がいるのは、本当にありがたいと思っています。

と、こんなふうに書くと少し残念な気持ちになる方がいらっしゃるかもしれませんが、実はそうでもありません。ヒモトレ発案者である小関勲さんは、「ヒモトレを患者さんに活用できなかったとしても、全く問題はない」とおっしゃいます。

「むしろ、ヒモトレを外部の対象に活用しようとする前に、自分自身のコンディショニングや身支度として、ヒモトレを行なってみることが優先だと思います。自らのバランスが整うことで、結果的に物事や他人との関係性に変化を感じることと思います」（小関さん）

この点に関しては、私も全く同感です。ヒモトレは単なる便利な道具ではなく、自分自身の心身のバランスを見つめ直す手段。そして、自分の変化が周囲との関係に与える影響は、思いのほか大きいものです。そんな変化を感じながら現実に臨むことが、結果として有効な使い方にたどり着くための近道でもある。そんなふうに思います。

交通事故の明暗。ヒモをしていたら、無傷だった

さて、ここで、介護とは直接関係ないのですが、ヒモトレの凄さを強烈に印象づけるエピソードを紹介しましょう。1年半ほど前のある日のこと。Gさんが車を運転し、同じ施設でスタッフとして働くHさん（77歳女性）が助手席に乗っていました。

見通しの悪い交差点に進入したときです。右側から別の車が突っ込んできて、Gさんの車の側面に衝突しました。車の右ドアやパネルがぐしゃっとつぶれて大破する大事故でした。

このとき、Gさんはいつもの習慣で腰にヒモを巻いていました。一方のHさんは、業務中につけていたヒモを、車中では外していたのです。

するとどうなったか。ヒモをつけていたGさんは、全く無傷でした。一方、Hさんは骨盤を骨折する大怪我を負った。ヒモの有無によって、明暗がくっきり分かれてし

まったのです。

もちろん、これがほんとうにヒモで生じた差なのかは、厳密にはわかりません。でも、車が大破するほどの事故で、衝撃をより直接に受けたであろう運転席側のGさんが怪我を負わなかったのは、やはりヒモを巻いていたおかげだろうと、私は思っています。

とはいえGさんは、骨折や外傷こそなかったものの、事故の衝撃の影響は受けており、今でも根を詰めて仕事をした翌日などに、胸や背中に痛みが出ることがあるそうです。ただこれも、仕事をするときにタスキをしていればほとんど出ないという。ヒモをつけ忘れてついやりすぎたときにだけ、痛むというのです。

ご本人は、「事故のとき、タスキもつけていたらもっと軽かったかもしれない」と、少し悔やんでいます。面白い、と言ったら怒られるかもしれませんが、実に興味深い話です。

骨折をしたまま、普通に歩けた！

骨折をしたHさんはすぐ病院に運ばれましたが、折れた部位が体重のかからない恥骨だったので、年齢も配慮して、手術などの積極的治療はせず、リハビリ中心で治療することになりました。これは医療的にはごく普通の判断。ただ現実には、こういった怪我をきっかけに体を動かせなくなって、やがて寝たきりに、といったケースも少なくないので、重大な分岐点といえます。

Hさんは、本人の強い希望もあって入院はせず、その日のうちに職場である介護施設に戻ってきました。病院でもらってきた杖を使ってなんとか立っていましたが、痛みが強く、歩くのはかなり辛そうです。

そこで、へそ巻きとタスキをつけてもらいました。

すると驚いたことに、Hさんがするするとスムーズに歩き始めたのです。痛みも和らぎ、杖に頼っていた立ち姿勢も、すっきり両足に乗って立てるようになった。その場でいきなり、豹変したのです。それまでにもいろいろな場面で、ヒモトレの威力を実感していた私ですが、このときはさすがに、「これは本当にすごい」と驚嘆しました。

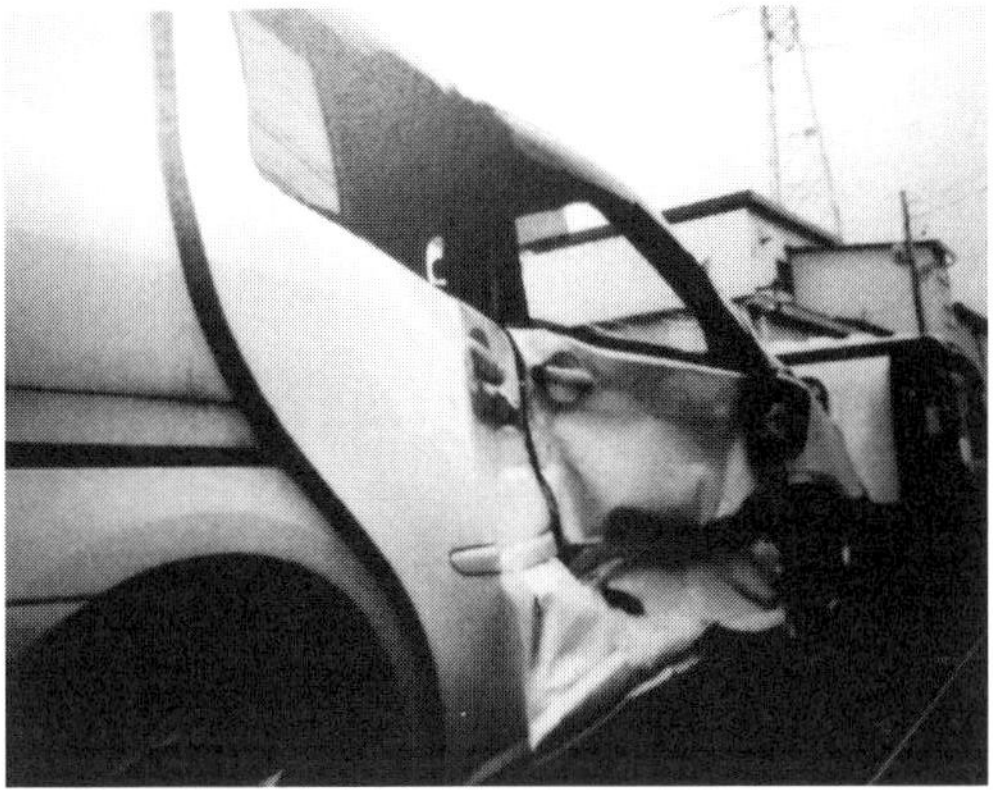

実際の事故の写真を見ると、運転席側が大きくへこんでいるのがわかります。

それから1年半。X線画像で見ると、Hさんの恥骨は今も折れたままですが、日常生活には全く支障がないほど普通に動き、歩いています。私は定期的に鍼治療をしていますが、治療中いつもおしゃべりに花を咲かせるほど、元気いっぱいです。

Hさんも、ヒモをつけ忘れると痛みがぶり返すとのことで、いつもへそ巻きとタスキを身につけています。加えて最近は、「足ヒモ」という新しい巻き方を愛用しています。

これを巻くと足が軽く、夕方になっても楽なのだそうです。ご本人の感覚では、むくみにも良い感じがするそうです。私が見る限り、むくみへの効果はよくわからないのですが、いずれにせよ、ご本人がよさを実感しているのは、とても大事なことです。

「コミュニケーションツール」としての、ヒモトレの可能性

Gさんの話に戻りましょう。介護の現場でヒモトレを取り入れるメリットは、身体機能の改善だけなのでしょうか？　今回、改めてGさんに尋ねてみたところ、こんな話をしてくれました。

「認知機能が落ちているような人でも、ヒモを巻いてあげると、何か心地いいことをしてくれた、という実感があるようです。すると、こちらを信じて任せてくれるので、ケアがしやすくなります」

一般に、認知機能が低下すると、言葉によるコミュニケーションが難しくなります。

Gさんの施設では、日々の介護にヒモトレを上手に活用されています。

すると、ケアの意味を理解できず、かたくなに抵抗するような状況も生じやすい。
そんな状況を改善するアプローチとして、最近は、スキンシップやアイコンタクトのような「非言語的コミュニケーション」が重視されています。認知機能が低下しても、スキンシップなどで信頼関係をつなぐことは可能、というわけです。

Gさんは、ヒモトレにそういう働きがある、と感じているようです。これは、ヒモトレの新しい可能性を示す非常に興味深い視点でしょう。今後、こういう作用にも注目していきたいと思っています。

その後のHさん

折れたままだったHさんの恥骨。もう癒合することはないだろうと主治医が説明し、本人も諦めたので、「偽関節」の診断書を書いて事故後の治療を終えようと最後にレントゲンを撮ったところ、なんと癒合していたそうです。

以前のようには歩けないそうですが、徐々に曲がってきていた背中は事故以前よりも伸びるようになり、姿勢まで改善しました。それに足指のヒモへそ巻きとタスキがけ、それに足指のヒモは今でも毎日していています。

第八話

ヒモトレで腰痛が解消！今ではヒモトレ伝道師

私が住んでいる埼玉県所沢市には、市が運営する老人福祉センターや憩いの家といった高齢者向け施設が12カ所あります。お年寄りの方が集まり、仲間を作りながら、生きがいを持って楽しく過ごすための施設です。

これらの施設では、さまざまな企画があるのですが、その中には介護予防や健康のための教室もあります。そこで、ここ1、2年は「ヒモトレ講座」がすっかり定番になっていまして、私はいつも講師として呼ばれています。今ではこれらの施設に行くと、「ヒモトレの先生」と呼ばれたりします。

どうして所沢市ではこんなにヒモトレ講座が盛んなのか、と思う方も多いでしょう。こうなるに至った経緯には、興味深いエピソードがいろいろとありますので、今回はそんな話を紹介しましょう。ここでご登場いただくのが、公務員のＩさん（60歳男性）です。

ひどい腰痛と腕のしびれで、夜、眠れないことも

Ｉさんは、若い頃から土日にボランティアで少年野球の審判を務めてきたそうです。とても活動的な方です。ただ、野球の審判は中腰の姿勢になることが多いためでしょうか、30代半ばあたりから腰痛を抱えていたそうです。

審判ボランティアを辞めた後も慢性の腰痛は残り、特に寒い季節はいつも大変だったと聞きました。何度もぎっくり腰になり、そのつどマッサージや湿布でしのいだり、病院で鎮痛剤をもらったりもするものの、痛みは消えない。調子の悪いときは、上を

毎回大盛況のヒモトレ講座

向いて寝るのもままならないほどだったといいます。

また、肩こりも重症。同時に手のしびれもあり、ひどいときはしびれた左腕が上げられないほどだったといいます。腰が痛くて横向きに寝ようとするときでも、左手が下になると痛みが出て、眠れないこともあったようです。

病院や接骨院などでいろいろな薬や治療を受けたけれど、そのときは少し良くなってもまたすぐに戻ってしまう。通院するのも大変で、結局そのままになってしまったそうです。

Ｉさんは、業務上、毎日のように各施設を車で回る立場。運転中はいつも、腰が痛くてたまらなかったとおっしゃっていました。また、デスクワークで長時間座りっぱなしになるのも腰に負担が大きいですし、パソコン作業は肩や首へ大きな負担をかけます。いつも体がしんどいのを我慢していたそうです。

ちょうどそんな頃に、私と出会ったのです。

たまたま雑談で話した「ヒモトレ」。1週間で腰痛が消えた！

その日、私はある患者さんの支援策の打ち合わせで、市役所を訪れていました。訪問先は、Ｉさんが所属する高齢者支援課。そして、たまたまそこにいたＩさんと雑談になったのです。そのときに、Ｉさんが腰痛で困っているという話が出てきたので、「お腹にヒモを巻くと楽になりますよ」とお伝えしました。

あとになって聞いたところでは、そのときの率直な印象は「ヒモなんかでよくなるのかな？」と半信半疑だったそうです。それでも、ごく簡単な方法ですし、そもそも症状があまりにきつかったので、〝藁にもすがる〟ぐらいの気持ちで、やってみたのだとか。

これが、驚くほどよく効いたそうです。

腰の痛みが翌日には明らかに軽くなり、1週間後にはすっかり消えていたという。仰向けに寝るのも、問題なくできるようになった。最初は「信じられない」と思ったそうですが、すぐに「これはすごい！」という実感が湧いてきたようです。

それでIさんは次に、タスキを始めました。肩こりと左手のしびれには、タスキが効くのではないか、と考えてのこと。期待通り、タスキをつけて10日ぐらい経った頃にはしびれが消え、横向きに寝ても大丈夫になったそうです。また、寝た姿勢から起き上がるのも、さっと身軽に動けるようになったといいます。

こんなふうにしてヒモトレの効果を確信したIさんは、今ではへそ巻きとタスキを1日中巻いています。下着の上に巻いて、その上から服を着れば、表からは見えないので、職場でも全く問題ないそうです。長時間のデスクワークや車の運転をこなしても、腰痛や肩こりに悩まされることがなくなった、と、いつも笑顔で話してくれます。

ヒモトレの効果を実感した人は、なぜか〝伝道師〟になる

さて、これは私の主観ですが、ヒモトレには一つ、おもしろい特徴があります。効果を感じた人が、なぜか周囲にどんどんヒモトレを広めてくれるのです。講座でも、過去に受講してヒモトレをすでに知っている受講者が、見ず知らずの初参加の人にいろいろと教えている姿をよく見かけます。

そういうのはどんな健康法でも起きることだろう、と思うかもしれませんが、私の印象では、ほかの健康法ではなかなかそこまではいきません。でもヒモトレでは、やり方を知った人がかなりの確率で、自主的に〝伝道師〟になってくれるので、周囲へ自然に広まっていく。なぜか、そうなることが多いのです。

どうしてでしょうね。もしかしたらヒモトレが体にもたらす影響の中に、「人に対して親切になる」のような働きがあるのかもしれません。まあ、なぜそうなるのかを理論的に説明するのは非常に困難ですが（笑）。

なぜこんな話を持ち出したかと言いますと、Ｉさんも御多分にもれず、ご自身の周囲にヒモトレを伝え始めたからです。まあ、Ｉさんはもともとお世話好きで面倒見のいい方ですから、ごく自然なことだったのでしょう。

Ｉさんは高齢者施設で働いていますので、利用者や職員が腰痛などで悩んでいると聞くと、すぐにヒモトレを勧めるようになったそうです。

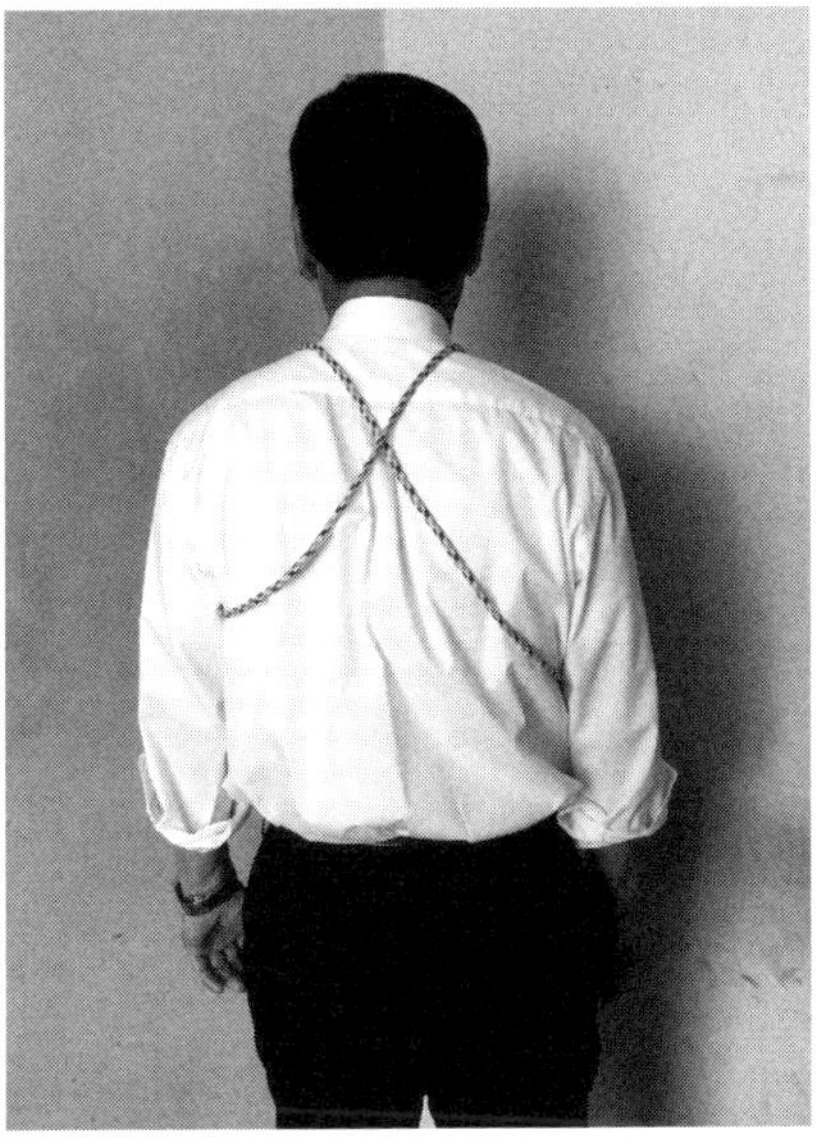

すっかりヒモトレの伝道師になったＩさん！

とはいえ、ヒモトレを全く知らない人にとっては、「ヒモを巻けば腰痛が治る」なんて急に言われても、「はいそうですか」と受け入れられるものでもない。実際、Ｉさんは当初、職員たちからいつも「そんなの信じられない」と切り返されていたそうです。

それで、私のところへこんなふうに言ってきたのです。

「職員が信じてくれないから、施設に来て、やってみせてもらえないか」

そんなわけで私は、往診の合間に施設に出向き、職員の皆さんにヒモトレをお伝えすることになりました。

実際に段取りを踏んでやってもらえれば、皆さん、効果を体感していただけるのです。すると今度は、「こんなにいいものなら、利用者の方にもお知らせしよう」という話になってきた。そんなことがきっかけで、施設での講座が始まったわけです。

これまでに10回の講座が開かれました。どこも大盛況で、すでに同じ施設で複数回開催しているところもあります。各施設の職員の皆さんも、多くの方がヒモトレファンになってくれまして、講座のたびにいつも、熱心にサポートしていただいています。

そんなふうに盛り上がるようになった最初のきっかけが、Ｉさんとの雑談だった。彼が自分でヒモトレを試し、効果を実感して、いろいろなところで働きかけてくれたから、ここまで広がってきたわけです。

ヒモトレを世の中に広めていく上で、Ｉさんのような影響力のある方に実感を持って進めていただくことがとても大事なのです。Ｉさんには本当に感謝しています。

アスリートから寝たきりまでカバーする間口の広さ

私は普段、在宅診療を中心に診療しています。訪問する患者さんは基本的に要介護状態で、寝たきりの方も多い。一方、施設の講座にやってくるのは、元気に生活しているお年寄りの皆さん。一口に高齢者と言っても、状況はずいぶん違います。

その両方に対して、ヒモトレはとてもいい働きをしてくれます。これも、ヒモトレの面白い特徴と言えるでしょう。通常、寝たきりの人に役立つような健康法やエクササイズは、自立して生活している人には作用が弱すぎてあまり効力がないことが多いと思いますが、ヒモトレはどちらにも役に立つのです。

いや、それどころか、ご存じのように、ヒモトレ創案者の小関勲さんは、プロのスポーツ選手やオリンピックアスリートに対して、ヒモトレを活かした指導をしています。まさに「アスリートから寝たきりまで」。こんなに間口の広いメソッドは、なかなかないでしょうね。

普通の体操などで一般向けの講座をすると、必ず講座後に「やりすぎて体のどこかが痛い」という人が出てきます。やればやるほど効くだろうと思って、ついやりすぎてしまうのです。でもヒモトレではこれまで、そういうことは全く起きていません。体を痛める心配がないので、だれにでも安心して勧められます。これもヒモトレのいいところです。

Iさんはこの3月いっぱいで定年退職されたそうです。「ヒモがあれば体は動くので、まだ働きますよ」とおっしゃっていました。もしかしたらこの先の職場でも、ヒモトレを広めてくれるかもしれませんね。

その後のIさん

Iさんは定年退職後、半年ほどの休養期間を経て再就職されました。

今ではヒモトレをすることはほとんどないそうです。

なぜかと言うと、すっかり腰痛が出なくなっているのだそうです。

「あれほど苦しかった腰痛がこんなに楽になるなんて本当に不思議だ」「夜、寝るのが怖くなくなった」「ヒモトレは良いものなのだからもっと広めてください」と、会うたびに同じ会話をしています。

第九話

理想の介護を求めてヒモトレで結ばれたJさんとの出会い

今回は、原点に帰って、私がヒモトレと出会うきっかけになったエピソードから話を始めましょう。ご登場いただくのは、87歳女性のJさんです。

Jさんは、数年前にご主人を自宅で看取っており、そのあとは自宅で一人暮らしをしてきました。施設などに入る選択肢もあるのですが、ご自身の意思で「家を守る」

と選択されました。

Jさんはとても聡明な方です。世の中のことや、自分と周囲の状況などをきちんと把握したうえで、自分の生き方についてご自身で判断しています。

ただ身体面では、いくつかの問題を抱えていました。一つは膝。膝関節の変形がかなり進んでおり、曲げ伸ばしをするとゴキゴキ音がして、関節が横に揺れるような状況でした。リハビリを担当するスタッフが、膝のリハビリ運動をしてもよいか再度、主治医に確認してくださいと言ったことがある程でした。

また腋窩《えきか》神経麻痺が残っていて、手を上げることができません。そのため、服を着替えたり、高いところにあるものを取ったりするのは、一人では難しい状態でした。

そういったいくつかの問題はあるものの、自宅を改装したり、さまざまな在宅サービスを利用したりすることで、一人暮らしを継続されていたのです。

「腰紐」を腰に巻くと、足元が安定した!

２０１５年の12月、私は歩行訓練をお手伝いするために、Ｊさんの自宅に伺いました。膝に不安があるＪさんは、訓練をするときは必ず膝や腰にサポーターを巻いていたのですが、あいにくその日は手持ちのサポーターが全部洗濯に出ていて、使えるものがありません。

Ｊさんが、「何も巻かないで歩くのは怖い」とおっしゃるので、何か使えそうなものがないかと居室を見まわしたところ、和服を着るときに使う腰紐や帯などが目にとまりました。

これを体に巻いてみたらどうだろう。サポーターのようなしっかりしたホールド感はないけれど、多少は足しになるかもしれない。そんな、ごく軽い気持ちでした。

ところが、です。驚いたことに、腰に腰紐を１本巻いたＪさんは、下半身がしっかりと安定したのです。その結果、歩行訓練がとてもスムーズに進みました。普段のサポーターをつけた状態より、ずっと体のバランスが良くなったのです。

「これはすごい。どうしてこんなことが起きるのだろう」

驚いた私は、帰宅後すぐに、インターネットで調べてみました。これほど大きな効果を生む現象なら、必ず、深く研究している人がいるに違いない。そう思ったのです。

そうして、ヒモトレ考案者である小関勲さんの取り組みを見つけました。ホームページには講座の案内もありましたので、すぐに申し込んで参加。そこで教わったやり方を、自分の治療やリハビリに取り入れるようになったのです。これが、私とヒモトレの出会いです。

上がらない腕も使えるように

これ以降、Jさんにももちろん、いろいろなヒモトレをやってもらいました。基本は、へそ巻きとタスキ。これはほぼ24時間巻きっぱなしです。日中はさらに、膝や足首周りにも巻いてもらうようにしました。

また、直径20センチぐらいの小さな輪っかを手元に置き、そこに両手の親指を引っ掛けて腕を上げ下げするヒモトレ体操をやってもらいました。

腋窩神経麻痺で腕が上がらなくなってしまったJさんですが、こうやってヒモを両手の親指にかけると、リハビリのときでなくても、一人でも腕が上げられるのです。

この体操ならベッドに横になったままでもできますので、本人もとても気に入ってくれました。ご自身でも動きのバリエーションを工夫しながら毎日、取り組んでいます。

そして、両手の親指にヒモをかけるという、ヒモに任せて動くヒモトレと、身につけるヒモトレであるへそ巻きとタスキなどの相乗効果でしょうか、すっかり萎縮していたと思われていた三角筋の機能が弱いながらも現れ、麻痺の残る腕もかなり使いこなせるようになったのです。


さらに、両膝の状態もおどろくほど改善しました。もちろん関節の変形が戻るわけではないのですが、ヒモトレをしながら生活し、ヒモトレ併用でリハビリを続けてきたところ、横にブレるような揺れがなくなってきたのです。

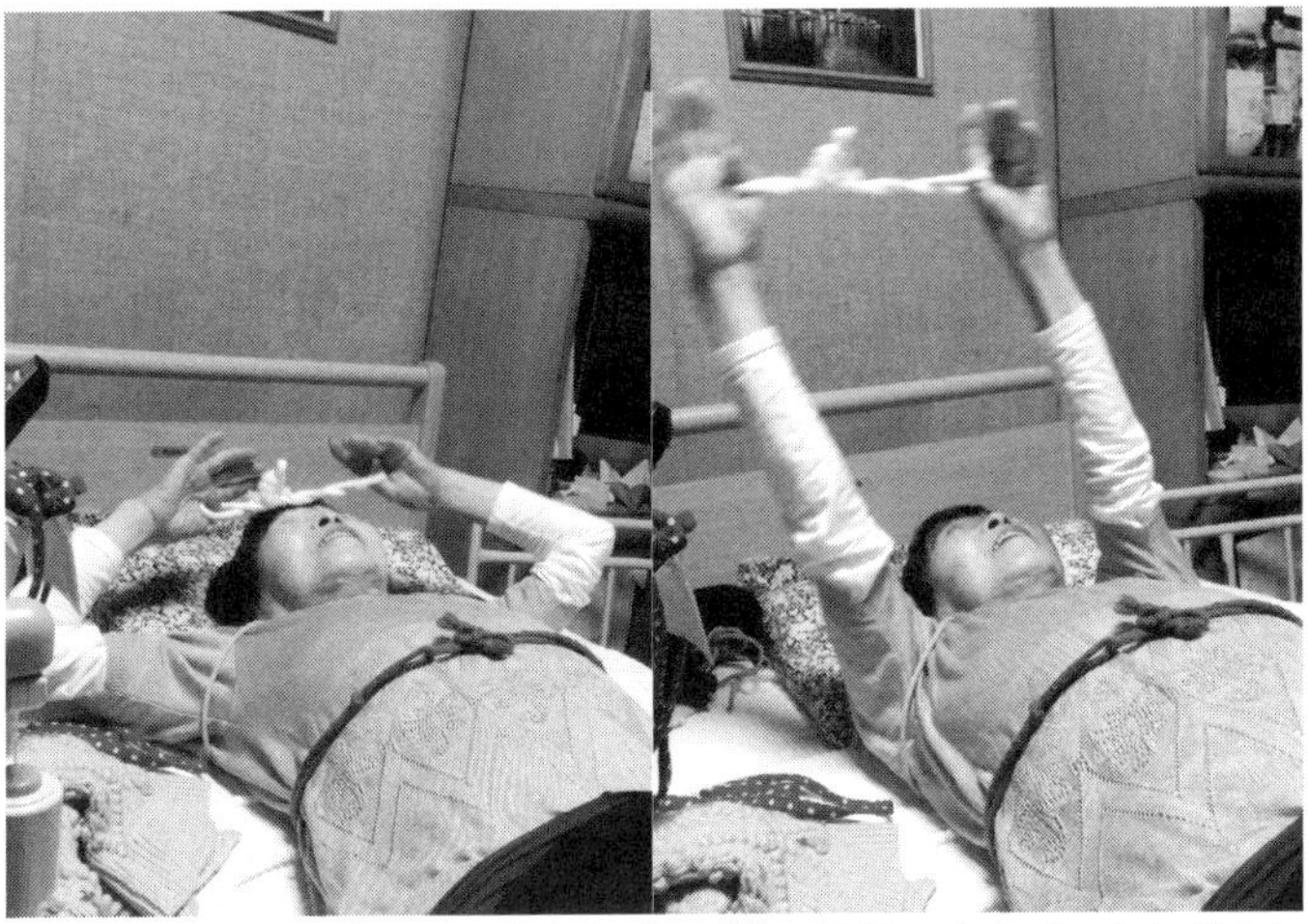

親指をヒモに引っ掛けて、腕を上げ下げする体操。本人が、さまざまな動かし方のバリエーションを工夫して行なっている。

こうなれば、リハビリにも取り組みやすくなります。そのおかげで、歩く、立つ、ベッドから起き上がるといった全身的な機能が思ったよりも保たれ、あるいは改善している。年齢と元々の状態を考えたらこれは驚くべき結果です。

これは、「ヒモトレはヒモを巻いたその場所だけでなく、全身にアプローチしている」という一つの実例だと、私は感じています。

タスキが外れると、ベッドから起きるのが大変

ちなみにご本人は、初めの頃は、ヒモの効

果をそれほど実感していなかったそうです。〝そんなにいいものなら試しにやってみようかしら〞と、それぐらいの感覚だったとか。

それが、しばらくつけているうちに体が馴染んできたのでしょう、「ヒモが外れていると、何かおかしいと感じるようになった」そうです。

例えばベッドから起き上がろうとしたとき、なんだか今日は起きるのが大変でどうしたんだろうと思ったら、寝ている間にタスキのヒモが外れていた、というのです。それで、やってきたヘルパーさんにヒモの位置を正してもらったら、すんなり体を起こせたそうです。

ほかにも、トイレに座った姿勢でへそ巻きが外れてしまい、立ち上がるのが大変だった、なんてことも。そんな経験を通じて、ヒモトレの働きを実感されていったようです。

こういうエピソードを、ご本人はよく、笑い話のように面白おかしく語ってくれるのです。なので私もつい、一緒になって笑いながら聞いているのですが、改めて考えてみると、ヒモトレはものすごい働きをしているのだなと実感させられる話ですね。

歩けるかぎりは、ギリギリまで自分で歩いて生活したい

最初にお話ししたように、Ｊさんはずっとご自宅で一人暮らしをされています。ケアマネージャーさんなどは折に触れて、「そろそろ施設に入ることを検討されては?」と提案しているのですが、ご本人は自宅を離れたくないのです。

なぜ、自宅にこだわるのか。家族とともに長年過ごした家に思い入れがあるのはもちろんでしょうが、そういった情緒的な理由とは別に、身体機能の面から見たときにも、「住み慣れた自宅で暮らす」ことには、大きな意味があります。

寝室、トイレ、台所などをつなぐ生活動線が体に染み付いているので、身体機能が低下してきても、「この空間でなら自立して生活できる」という状況が成立しうるのです。

Ｊさんのご自宅は、一般的なサイズの戸建て家屋です。寝室とトイレをつなぐ廊下は広いとはいえず、いわゆる〝バリアフリー的な視点〟で見るなら、問題もある。もし車椅子を持ち込んだら、廊下を通るのに難渋するでしょう。

でも、その勝手知ったる狭い廊下だから、手すりをつけるだけで、そこに身をもたれながら自分の足でなんとか歩ける。これも事実なのです。

Jさんは、ヒモトレを活用することで、そのギリギリの生活を保っておられました。さらに、トイレや台所の各種スイッチ類に引きヒモをつないで操作しやすくする工夫や（これもヒモの活用！）、ヒモトレに理解のあるヘルパーさんを見つけ、1日4回訪問してもらうなど、一人で暮らすためにあらゆることをやっていらっしゃいました。

Jさんは過去に何度か、ショートステイなどで、いくつかの介護施設に泊まったことがあります。そういう経験で垣間見た施設での生活は、手厚く面倒を見てもらえて安心な反面、「ああいうところに入ったら、すぐに歩けなくなってしまうのでは」という不安も感じたようです。

実際、わずか数日のショートステイで、滞在中の時間の大半をベッドと車椅子の上で過ごしたため、体力がガクンと落ちてしまったこともあったのです。

歩けるかぎりは、ギリギリまで自分で歩いて生活したい。そんな思いが、自宅暮らしへの強いこだわりとなって現れていたのだと思います。

ついに施設への入所を決意。その決め手も「ヒモトレ」

さて、そんなJさんですが、今年の1月、ついにある施設へ入所されました。この連載の第7話（81ページ）で紹介した、スタッフみんながヒモトレを利用している、あの施設です。ちょうどいいタイミングで空室ができたので、本人に施設を見てもらったところ、「ここなら納得できる」と思ったようです。

ヒモトレは、体に備わった力を引き出すメソッド。それを積極的に活用する施設ですから、当然、運営方針として「できるだけ自立を保つ」ことを目指しています。「できるだけ歩いて暮らしたい」というJさんの願いと、ぴったりマッチしています。

私としても、ヒモトレをフル活用してきた人が、ヒモトレ標準装備の施設に入れたのですから、一安心です。

入所後のある日、Jさんは、「家に一人でいたときは、心細いときもあったけど、それしかやりようがないと思っていた」と打ち明けてくれました。でもこの施設で、スタッフがみんなヒモを巻いているところに接して、「ここならいいかと思った」と。

面白いものですね。

これは私自身の実感でもありますが、ヒモトレをやっている人同士が顔を合わせると、なぜか、初めから腹を割った話ができる。ヒモを巻いて身が整うと、余計な構えが外れて、本音で付き合うことができる、そんな印象です。

浜島氏とＪさん。写真からも深い信頼関係がうかがえる１枚です。

「介護」は、人生の最終盤に生じることが多いものですから、そこには必ず「人生の終い方」という問題が関わってきます。いわば、自分の人生の集大成です。そこに手を貸してもらうスタッフを受け入れる上で、「ヒモトレ」が決め手になったというのは、このメソッドの本質を象徴的に表しているように、私には思えます。

その後のJさん

Jさんは今でも毎日、タスキ、へそ巻き、膝巻きを巻いています。施設の方もヒモトレをしています。

Jさんは入所後から徐々に歩けなくなり、自分で車椅子に乗り移ることが難しくなり、今は一人では起き上がることもできなくなっています。

ですが施設の方と元気に意見を戦わせながら生活しています。薬の飲み方、空調の使い方など、議論の内容はさまざまです。

この、依存しない、させない関係性も、ヒモトレとは無関係ではないはずです。

第十話

効果の〝ある〟〝なし〟より大事なこと

ヒモトレ発案者である小関勲さんが、ヒモトレに関する最初の本（『ヒモトレ』日貿出版社）を出版されたのは、２０１４年の2月。それから数年の間に、さまざまな分野でこのメソッドが活用され、いろいろな経験が蓄積されてきました。

そうした情報は、雑誌、書籍などでしばしば紹介されていますので、ご存じの方も多いでしょう。

これはもちろん、喜ばしいことです。ただ、そういった形で広く喧伝される話は、往々にして「結果」の部分に焦点が当たりやすい、ということは、受け取る際に意識しておいた方がいいと思います。

実際、私が語っているこの一連のお話においても、取り上げる話はやはり、ヒモトレを導入した結果として「動かなかった手が動いた」「食べ物を飲み込めるようになった」などの著しい効果が現れたケースに偏りがちです。

私としても、著効《ちょこう》が見られたケースが多くあったので、それらから紹介してきたわけです。とはいえ現実には、当然ながら、そこまで明確な変化が認められないケースもある。でも、そういう話が広く伝えられる機会は、なかなかありません。

そこで今回はあえて、〝わかりやすい結果〟があまり現れていないケースを紹介しましょう。これまでの話と違い、驚くような衝撃的な逸話は出てきません。でも、そんなケースだからこそ、〝目先の効果〟に惑わされず、ヒモトレが人に与える影響の本質が浮かんでくるのでは、とも思うのです。

まあ、そうはいいつつ、いまいち盛り上がらないストーリーに終わってしまう可能性もあるのですが（苦笑）。とにかく筆を進めていきますので、どうぞ寛大な気持ちで読み進めてください。

脳出血の後遺症で左半身に麻痺が。ヒモトレをやってみたが……

今回ご紹介するのは、84歳の男性Kさん。体格が良く、姿勢がいつもビシッと決まっているジェントルマンです。もともと会社を経営されていたということで、身近に接していると、勤め人だった方とはちょっと違う、〝一国一城の主〟という雰囲気が漂っています。

Kさんは、2014年2月に脳出血を発症。幸い一命はとりとめましたが、左半身に麻痺が残りました。それ以降、基本的には車椅子の生活です。補助してもらえば、立ったり、少し歩いたりはできます。

3年ほど前、自宅の建て替えの際に車椅子でも生活しやすいバリアフリー仕様にしました。その家で現在は、奥様と二人暮らし。私はその建て替え中から、訪問診療に伺っています。

当時のKさんは、足や腰、肩などに強い痛みを抱えていました。痛みが足かせになって、リハビリもなかなか思うようにできない、そんな状況で、私に声がかかったわけです。

そこで、へそ巻きやタスキ、はち巻きなどのヒモを巻いてもらいました。

私の目には、ヒモを巻いたことで、Ｋさんの体の動きが少し楽になったように見えました。でも、麻痺していた手がいきなり動いたとか、痛みがすっかり消えたというような劇的な変化ではありません。ご本人としては、〝何か変わったのかよくわからない〟という感じ。奥様も同様の反応です。

とりあえず私が訪問したときにだけヒモを巻き、その状態で鍼治療やマッサージ、歩行訓練などをやっていくことにしました。

もしこのとき、Ｋさんや奥様が、ヒモを身につけたときの体の変化を強く実感されたのであれば、訪問時だけでなく、普段から日常的にヒモを身につけるようになっていたかもしれません。でも実際は、そうではなかった。このあたりの体の反応は人それぞれですので、状況に合わせて、その人に適したやり方を選ぶことになります。

「ヒモの効果？　いやぁ、よくわからんなぁ」

それから約3年。訪問するたびに様子を見つつ、巻くヒモの数を少しずつ増やしたり減らしたりしてきました。先日、改めて数えたところ、8本も巻いていました。

この間、体の状態はじわじわと改善、または維持されてきました。足や腰の痛みはいつの間にか消えましたし、動きにくかった左手の指も、今では指折り数を数えられます。

歩行訓練では、麻痺がある左足にもしっかり体重を乗せて立てますし、左足を横に踏み出すこともできます。また、訓練中に体のバランスが崩れかかったとき、踏みとどまって体勢を取り戻すこともできます。どれも、麻痺がある人にとってはなかなか難しい動きなのですが、Kさんはすんなりとこなしています。

こんなふうに書くと、「十分な効果が出ているじゃないですか」と思うかもしれませんね。はい、その通り。この年齢で、ある程度の後遺症があったところから、今の状態ですから、なかなか良い経過だと私は思っています。

ただ、こういう結果は、リハビリや鍼治療を積み重ねる中でじわじわと現れたもの。ヒモトレ単独の成果ではありません。ヒモトレを併用したことで相当に相乗効果があったのだろうとは思っていますが、厳密に言えば、ヒモトレを使わない場合と比較できる訳ではなく、本当のところはわかりません。

それに、見る人が見れば「改善」と評価できるような変化でも、一般的な感覚では「何か変わった？」としか思えない、というのも、よくあること。ドキュメンタリーや物語で描かれるような劇的な回復は、やはり実際には、そうそう起きるものではありません。年単位の経過の中でじわじわ改善したとか、何もしなければ低下したであろう機能が維持されている、というような、〝地味な〟結果が多いものです。

といったこともあって、ご本人に「ヒモ、効いてると思いますか？」と問いかけると、いつも「いやぁ、よくわからんなぁ」という返事が返ってきます。それがKさんの素直な実感なのでしょう。

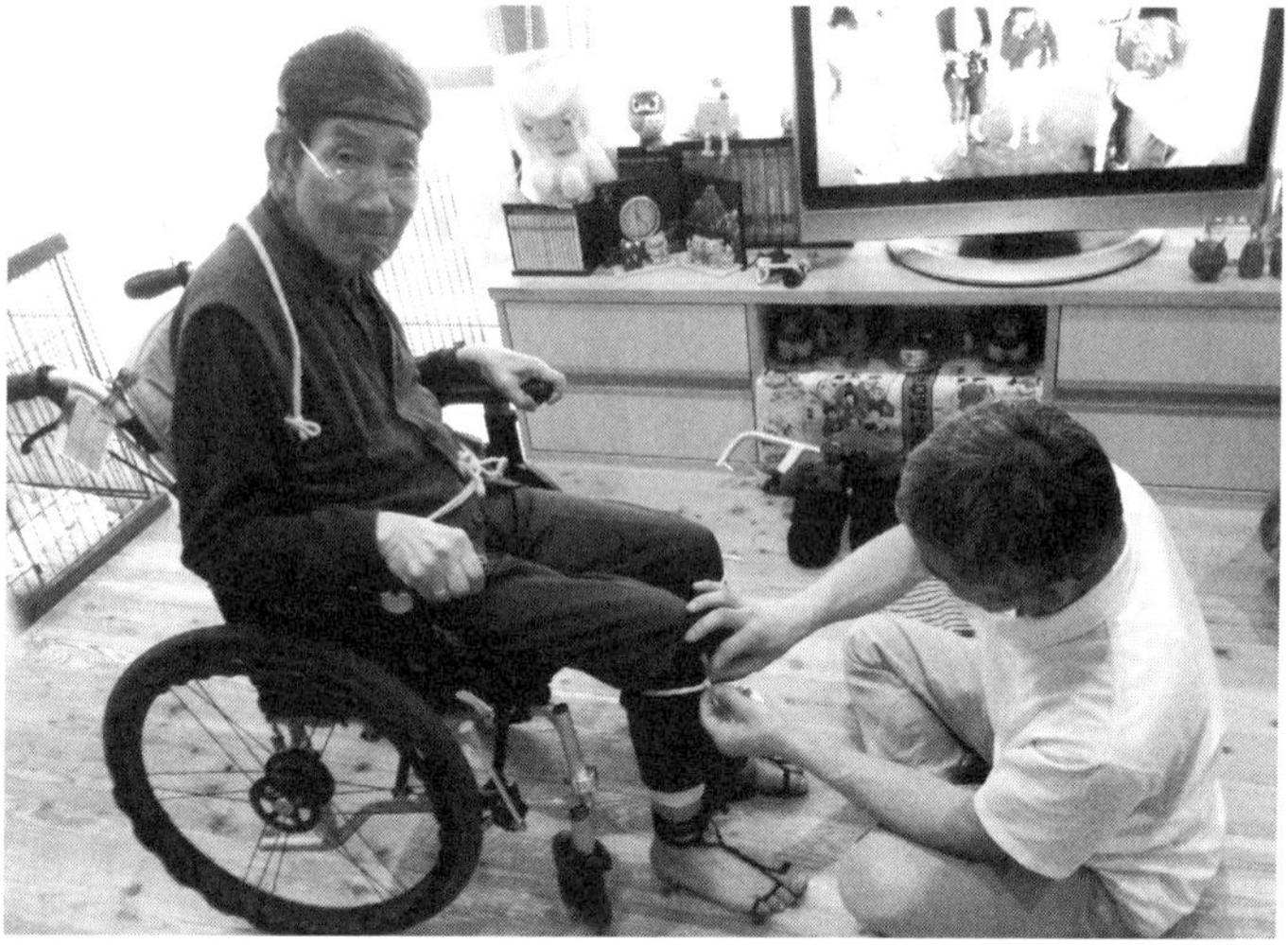

体のあちこちにヒモを巻くKさん。この日はへそ巻き、タスキ、はち巻き、左手の前腕、左右の膝下、左右の足ヒモと、計８本のヒモを身につけた。

なんのためにヒモトレをするのか？

自宅で行なうリハビリや施術は、病院や施設に出向いて行なうものとは少し意味が違います。患者さんにとって自宅は、生活の場であり、家族と共に暮らす「プライベートな空間」。ですから、在宅の診療において、本人が心地よいと思えないようなハードなメニューを強いるのは好ましくないと、私は思っています。

これが病院や施設に通って、あるいは一時入院しての取り組みであれば、少々しんどいメニューでも、効果を得るために頑張ってやってもらうのもアリだと思います。でも自宅でそれをやると、和む場がなくなってしまいかねません。

例えば元プロスポーツの選手であり現役を引退後にはプロチームの監督をされていた方などは、Ｋさんと同じ片麻痺のリハビリを行なう際、１日も欠かすことなく連日、ハードなプログラムに取り組んだと聞きます。彼は生粋のアスリートであり、そういうハードなメニューを肯定的に受け止めることができたのでしょう。

でも、そのあたりの受け止め方は、人によって違います。違うのが当然なのです。

Ｋさんの場合も、「効果」を最優先とする価値観に立てば、もっともっと、とメニューを追加していくことになるのかもしれません。そして、よりハードなメニューを積み重ねていけば、もっとはっきりした「効果」が得られる可能性も充分にあります。

また、そういうやり方をすれば、「ヒモトレの効果」も、より明確になることが考えられます。

でもＫさんは、ご自身の人生の選択として、自宅で、奥様と二人で、ゆったりと過ごすことを選ばれました。この場合、リハビリなどの目的は、快適に過ごせる心身の状態を保つことです。「少しでも高い効果を」と、ハードなメニューに取り組むよりも、辛すぎないほどほどのプログラムで痛みが取れ、自宅での生活が続けられるよう、体の機能が保たれていれば、それで十分なわけです。

介護の現場でヒモトレを使うのは、患者さんがより快適に過ごすため。ヒモトレの効果を実証するためではありません。これは当たり前のことですが、実際にヒモトレを活用し始めると、そのあまりの効果に、ついこういう当たり前の部分を忘れてしまうことも起こりうるでしょう。

「ヒモの効果? いやぁ、よくわからんなぁ」と話すKさんの言葉は、私にとって、そういう在宅介護の原点を思い起こさせてくれる言葉でもあるのです。

ヒモを巻いている者同士だからつながる、深い信頼関係

最後に、Kさんのケースにおけるヒモトレの意義を、もう一つ挙げておきましょう。

ヒモトレは、Kさんと私の「関係」を保つ上で、大事な役割を果たしてくれているように、

私は感じています。

冒頭で紹介したように、Kさんはもともと会社の経営者です。現役時代はきっと、大きな取引の決断などで、腹を決めてズバッと強い言葉を発するようなことも、しばしばあったでしょう。それは、車椅子生活になった今もなお、堂々とした姿勢や立ち居振舞いをキープしている姿から、十分に感じられます。

そういう人ですから、当然、人を見る目においても、鋭いものを持っているに違いありません。

そんな方が、ヒモを使ったちょっと不思議な施術をする、自分よりずっと若い治療家（私）と、3年以上も和やかに付き合ってくれているわけです。しかも、「効いてるのかわからんなぁ」などと言いながら、ですよ。これはかなり奇跡的な関係だと思いませんか。

どうやって、この関係が保たれているのか。これは、ヒモトレをやっている人同士が顔を合わせたときに起きる、腹を割った深い信頼感のおかげだと私は考えています。つまり、双方がヒモを巻いていることが、この関係を保つカギになっているように思えるのです。

両手の親指に小さな輪をかけて腕を上げ下げする体操。麻痺のある左手もきれいに上がっている。

私はいつも、自分自身ヒモを身につけて、施術やリハビリに臨んでいます。Kさんと接するときも、もちろんそう。例えば歩行訓練では、Kさんが安心して私の体に身を委ねられることがとても大切です。こちらがヒモを巻いていると、体の接触を介してKさんへ伝わる安定感（信頼感）が、全く違ってくるのです。

この「安心して身を任せられる」という感覚は、歩行訓練のような体が接触する関係の中だけでなく、より精神的な関係にまで及びます。ヒモを身につけると、なぜかメンタルな面での信頼感も充実するようなのです。

そして、そういう「信頼関係」が保たれていることと、Kさんの「身体機能」がある程度で安定し、良好に保たれていることは、おそらく連動しています。ヒモトレを介した信頼関係は、リハビリの成果にも少なからず寄与していると、私は思うのです。

医療や介護の場でのヒモトレ活用は、どうしても「患者さんにヒモを巻いたらこんな効果が出た」という方向に注目が行きがちです。そうすると、ヒモトレがまるで「便利な治療器具」のように思えてきて、「自分がヒモを身につける」ことは二の次になりかねません。

ですが、むしろ効果を得るためにこそ、まずは施術者側がヒモトレを取り入れることに意味があるのではないでしょうか。Kさんのケースを通じて、私はそんなことも感じています。

その後のKさん

Kさんはその後、再び脳血管障害で入院し、今はまた自宅で生活されています。

自宅では入院中のように毎日何度もリハビリが受けられるわけではありませんが、生活の中で無理のない頻度と内容でなんとか退院時のレベルを維持できています。

リハビリの際にはもちろんヒモトレを何本も巻いています。

この〝無理そうなのになんとかなっている〟のは、やはりヒモトレの力を抜きにしては語れないと思います。

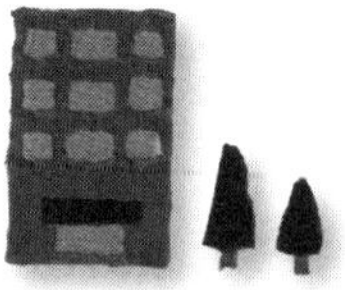

第十一話

夫89歳＆妻79歳、ヒモトレで〝こじれたカラダ〟を解きほぐす

今回は、ヒモトレを利用しながら元気に暮らしているご夫妻を紹介しましょう。

ご主人のＬさん（89歳）は元大学教授。研究や教育の一線からはもう退いていますが、3年前に新しい本を出版されるなど、まだまだ精力的に活躍されています。奥様のＭさん（79歳）は保育園の理事長をされています。

80歳を目前にして、ご本人はそろそろ引退も念頭に置いているようですが、周囲から強く引きとめられ、「まだ当分やめさせてもらえそうにない」と笑っていました。

といった具合に、お二人ともとてもお元気で、実年齢よりずっと若々しく見えます。お子さんが3人、お孫さんが6人いらっしゃいますが、もうみんな独立しており、今は2匹の猫と一緒に二人で暮らしています。

私が最初に知り合ったのは、奥様のMさん。もともとは私の子供が保育園にお世話になったご縁でしたが、いろいろお話しする中で、肩や腰の凝りが悩みと聞き、自宅に訪問して鍼治療をするようになりました。

その流れでヒモトレも紹介し、Mさんは数年前からへそ巻きやタスキを身につけるようになっていました。とはいえ、当初は〝巻かないよりはいいかな〟ぐらいの軽い気持ちだったそうです。

腰痛と、夜間のこむら返りがすっかり解消

意識が大きく変わったのは、昨年（２０１８）の3月のこと。Mさんは突然、激しい腰痛に襲われました。病院の整形外科に行ったところ、椎間板ヘルニアと診断され、痛み止めの薬を処方されました。でも、薬を飲んでも痛みは消えません。それで鍼治療も併用したいということで、私に連絡が来たのです。

訪問して話を聞いてみると、Mさんは同時に、「こむら返り」も起こしていることがわかりました。「寝ているときにしばしばふくらはぎの筋肉が痙攣し、ひどく痛んで寝られない」というのです。

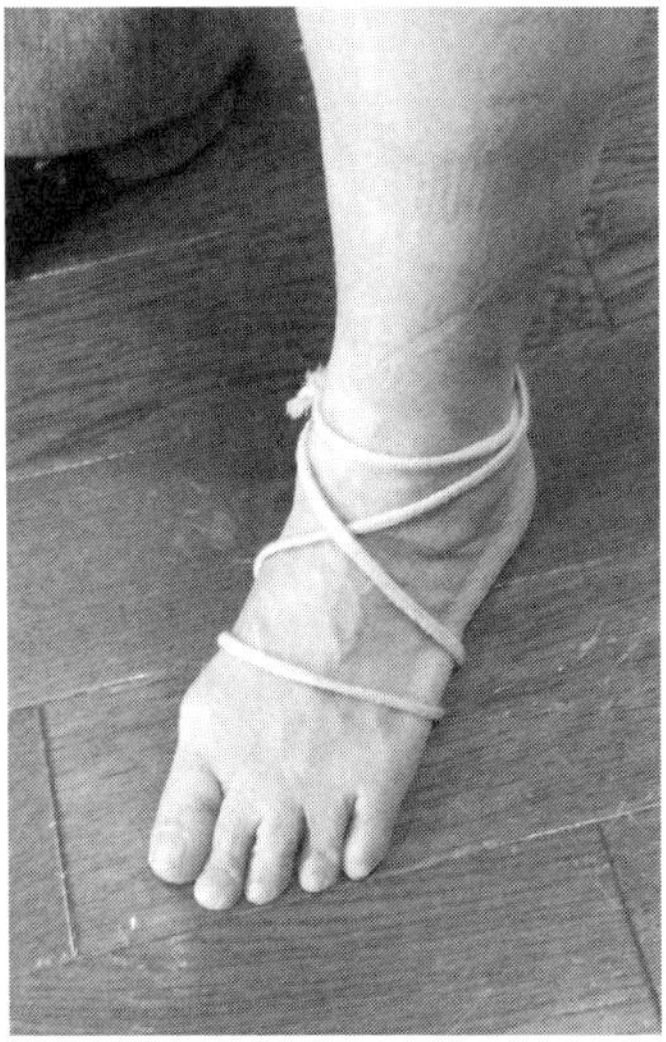

足首巻き。別名「わらじ巻き」とも呼ばれる。決して強く締めず、ゆるゆるに巻くのがポイント。

そこで、症状を和らげる鍼治療を行なった上で、新しいヒモトレをやってみることにしました。それまでも試していたへそ巻きとタスキに加えて、足首にもヒモを巻いてもらったのです。

これが、驚くほど効きました。毎晩のように起きていたこむら返りが、その日を境に全く出なくなったのです。これにはMさんも「ウソみたい」と、驚かれていました。

また、椎間板ヘルニアと診断された腰の痛みも、徐々に治まっていきました。それに伴って、鎮痛薬の処方も終了。それまで、かなり作用の強い鎮痛剤が処方されていましたので、飲まずに済むようになったことで、本人もホッとされていたようです。

足首は、足指や足の裏と、ふくらはぎをつなぐ大事な場所です。くるぶしの後ろの、俗に〝アキレス腱〟と呼ばれる部位は、アキレス腱以外にも、ふくらはぎの筋肉の動きを足指に伝える腱が通っています。

その足首にヒモを巻くことで、偏った緊張や疲労が緩和され、こむら返りが起きにくくなる。また、足裏などの筋肉群がバランスよく働くようになれば、姿勢や歩きかたも整ってきますから、腰痛にも良い影響がある。足首のヒモの働きは、こんなふうに解釈できると思います。

〝こじれた体〟を解きほぐし、ありのままの姿に戻る

さて、新しいヒモの巻き方を活用して、Mさんはすっかり元気になりました。それに伴って、ヒモを身につける習慣も、それまで以上に欠かせないものになっていったそうです。

「へそ巻きと足首ヒモは、入浴中以外はいつも巻いてます。タスキは、日中つけっ放しです」とMさん。へそ巻きと足首ヒモは就寝時にもつけており、「たまに巻き忘れたまま横になったことに気づくと、気になって眠れず、もう一度起きて巻くこともありました」とおっしゃっていました。

また、細いヒモを鎖編みにした編みヒモを、カチューシャのように頭に巻くことも。頭がぼーっとしているときにこれを巻くと、すっきりするのだそうです。

私は、Mさんに鍼の治療をずっとやっていますが、ヒモを常時巻くようになってから、

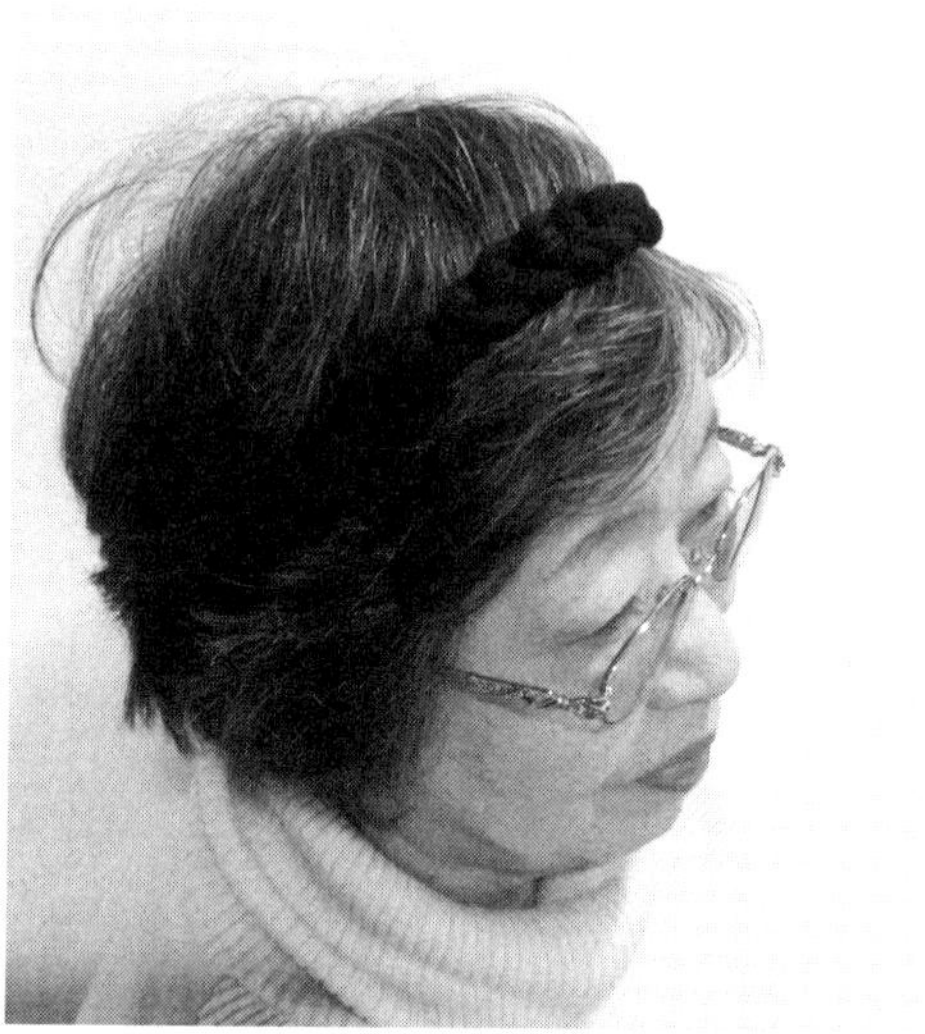
ヒモを編んでカチューシャのように頭に巻くと、頭がすっきりする。

治療への反応が良くなったと実感しています。鍼灸治療の中でも、シンプルな昔ながらの施術がよく効く、素直な体になるのです。

鍼灸が発明された頃の時代と比べると、現代は、世の中の仕組みが何かと複雑になっています。それに伴い、体の不調の様子も、いろいろとこじれた、ややこしい状態になっていることが多いと思われます。

例えば、どこかに障害があって痛みが出たとしましょう。その痛みをそのまま訴えているのが、素直な状態です。ところが、痛みをずーっと我慢していたり、隠したり、誤魔化したりしていると、やがて感覚が鈍って痛みを感じなくなったりします。そして段々とこじれてきます。

鍼灸などの古典的な治療では、体に備わっている反射的な反応を利用して、治癒力を引き出そうとします。ですが、こじれた状態になってしまうと、体は素直に反応できなくなり、なかなか効果が出てこない。そんなことが、よくあるのです。

ヒモトレには、この〝こじれた〟部分を解きほぐし、心身の状態をありのままの姿に戻す作用があるようです。すると、問題の核が浮かんできて、見立ても治療もやりやすくなる。治療家にとっては、これはとてもありがたいツールです。


お世話好きのMさんは、家族や友人などに、どんどんヒモトレを勧めているそうです。ピアノの教師をしている娘さんは、肩こりがきつかったのが、ヒモを巻いて調子が良くなったと喜んでいると聞きました。

また、米国に住んでいるお孫さんも、パソコン仕事からくる肩こりが楽になると、すっかりファンになったとか。ただ、米国ではヒモがどこにも売っていないらしく、わざわざ日本から送ってあげたそうです。

友人やご近所の方、職場にも、Mさんの影響でヒモトレに取り組み始めた人が何人もいるようです。「今は、肩こりなどの悩みを持っていない人の方が珍しいでしょう?

誰と話していてもすぐそういう話題になるんです。そんなとき、口で言うだけではなかなか伝わらないし、その場で実際に試してもらうのが一番だから、いつも予備のヒモを持ち歩いてるんですよ」とおっしゃっていました。Mさんのお人柄を示すエピソードだと思います。

えぼし巻きで言葉がスムーズに出るようになった

実は、ご主人のLさんも、Mさんの影響でヒモトレを始めたのです。

Lさんは20年ほど前に、右足首を骨折しています。ご本人曰く、「そのときに右足をかばって歩くクセが身についてしまった」とのことで、動きに少し左右差があり、歩くときは杖を使っています。

そんな影響もあるのでしょう、3年ほど前に、腰の痛みを覚えるようになりました。特に朝、布団から起き上がるときに、強い痛みがあったそうです。

そんなLさんに、奥様のMさんがヒモトレを勧めました。お腹にゆるくヒモを1本巻くだけの「へそ巻き」。一番基本のヒモトレです。

Lさんは、最初は半信半疑だったそうですが、それでも、ヒモを巻きっぱなしにしておくだけの簡単な方法ですから、ものは試しとやってみたところ、「いつの間にか腰の調子が良くなっていた」といいます。就寝中にも腰の違和感があったそうですが、それも気にならなくなっていたそうです。

Lさんはもう一つ、「えぼし巻き」という巻き方も取り入れています。これはアゴの下から耳の前を通して、頭部に縦にヒモを巻くやり方。この巻き方をして食べ物を食べると、喉に詰まったりむせたりすることが少なくなり、スムーズに飲み込めるのです。

Lさんは、食事が楽に飲み込めるようにと、食事時にえぼし巻きをしていたのですが、これが思わぬ副産物を生みました。会話が、滑らかに進むようになったのです。それまで、ときおり話の途中でろれつが回らなかったり、言葉がうまく出なくて「えーと、あれが……」などと言いよどんだりすることがあったそうですが、えぼし巻きを始めてから、そういうケースがすっかりなくなったそうです。

嚥下障害と言語障害は、どちらも高齢者の介護の現場でよく直面する問題です。その意味で、えぼし巻きでその両方が改善した事実は、大きな意味がありそうです。

ご主人のＬさん。

ヒモトレをすぐに〝卒業〟していく人の特徴

さて、こんなふうにヒモトレの効果を体験したＬさんですが、最近はあまりヒモを身につけていない様子。しばらくつけて、体の状態が良くなると、感覚的に「もうつけなくても大丈夫」と感じるようなのです。奥様のＭさんがずっとつけ続けているのとは対照的です。

Ｌさんのように、かなり早い段階で自主的にヒモトレを〝卒業〟してしまう人が、ときどきいらっしゃいます。その中には、敏感に体の声を聞き取り、その声に素直に反応できる人がいるのです。

Ｌさんは、まさにそういうタイプなのです。例えば、イスにじっと座っていることが苦手。そもそも普通に腰掛けること自体、どうにも落ち着かないのだそうです。なので自宅ではイスには腰掛けず、座面にしゃがみます。奥様のMさんは行儀が悪いとしかめ面ですが、ご当人はどこ吹く風。とにかく体の声に対して素直なのです。そしてこんな人は「こじれた体」にもなりにくいのです。

Lさんは40代の頃から、いつも頭にバンダナを巻いていたそうです。これも、ファッション的な意味だけでなく、ヒモトレで頭にヒモを巻くのと同様の、頭部への作用を感じ取っていたのでしょう。おそらくバンダナを巻いた方が頭がすっきりするという感覚が、もともとあったのだと思います。

このあたりの感性は、人によって千差万別。どちらかが優れているとか、そういう話でもありません。LさんとMさんのような息の合ったご夫婦でも、感性が全く違うわけですから。

ただ、「もう卒業した」と思った場合でも、しばらくたってから再びヒモをつけてみると、また以前とは一味違う感覚や変化が生じる場合も多いものです。体は日々変化するので、ヒモへの反応も、随時、変わります。そのときに必要な反応が現れるのです。

ですから、完全に卒業するというよりは、「時折つけてみる」というぐらいの距離感にしておくのがいいだろうと、私は思っています。

手首にヒモをつけて指回し体操をするＬさん。

今回、この記事を作るにあたってＬさんにお会いしたとき、そんな話をしたところ、「じゃあ、久しぶりにまたつけてみるか」と、楽しそうにおっしゃっていました。

最近、Ｌさんは「指回し体操」にはまっているそうです。これは、両手の指先を互いにくっつけてドーム状に構え、親指から順に、互いの指がぶつからないようにくるくると回していく体操。複雑な動きで脳や神経を刺激するのが狙いです。

Ｌさんがこの体操をやって見せてくれたとき、私は、「手にヒモを巻けば、指が動きやすくなるはずだ」とお伝えしました。そうしたところ、好奇心旺盛のＬさんは早速トライ。予想通り、それまで以上にスムーズな動きを見せてくれました。

こんなふうに、新しい使い方をいろいろと発見できるのも、ヒモトレの魅力です。

その後のMさん、Lさん

Lさんご夫婦はすっかりヒモトレの伝道師です。

Mさんの痛みの再発は一度だけ。上手く養生できているようです。

Lさんはさっさとヒモトレを卒業された方ですが、ミサンガのようなシンプルな足首のヒモが気に入っているご様子。

治療やリハビリをされる方はぜひ、自分だけでも良いのでヒモトレをしたままでリハビリしてみてください。

単純に腰が楽になる以上に人当たりがよくなったり、治療が効きやすくなったりすると思います。

公式ひもトレ 専用ヒモのご案内

本書で紹介しているヒモトレは、条件（244ページ参考）さえ満たせば100円ショップで販売されているアクリルヒモでも大丈夫です。

公式ひもトレ（ヒモトレ専用ひも）は、ヒモトレの“ヒモを巻く”“ヒモに任せて動く”など、ヒモトレ全般ができるように発案者で本書の監修者である小関勲氏が3年かけて開発したものです。

人の能力が発揮しやすいように、使いやすさと耐久性、形状、そしてデザインにこだわって設計され、多くの人に愛用されています。

ご興味ありましたらぜひ、お試しください。

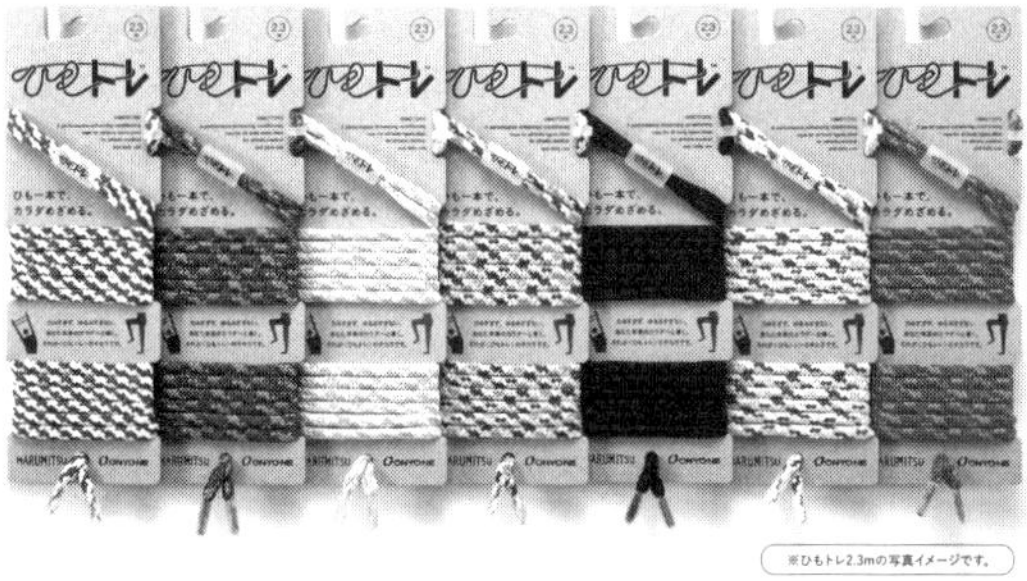

※デザインは変更することがあります。あらかじめご了承ください。

商品のお問い合わせ先
MARUMITSU
http://www.m-bbb.com

第2章　支援学校でのヒモトレ・藤田五郎

N君、Oさん、P君の場合

養護教育の場でも、ヒモトレの活用が進んでいる。この章では、養護学校のベテラン教員である藤田五郎氏に、ヒモトレを使ったいろいろな取り組みを語ってもらった。

藤田五郎（Goro Fujita）
所属 香川県立善通寺養護学校 高等部教諭。昭和61年より養護学校の教員となる。学級担任を経て、平成8年より肢体不自由、病弱の養護学校で自立活動教諭として、小・中・高の児童生徒の自立活動を担当する。
生徒一人一人の実態やニーズに合わせて、課題となる点について運動面からの支援を心がけ、人間関係の形成や自己理解などを中心課題として、運動面と心理面の両面から自立活動の指導に取り組んでいる。

自閉症スペクトラムと診断された

N君の場合

私は香川県内で、特別支援学校（一般には養護学校と呼ばれることも多い）の教員をやっています。ここには小学部、中学部、高等学部があります。

特別支援学校には、大きく分けると「病弱」「肢体不自由」「知的」「聾《ろう》」「盲《もう》」という5種類の障害種があります。本校はもともと、「病弱」の子供たちを対象にしていますので、喘息や心臓病、腎臓病といった病気の子供達を受け入れるのが、本来の目的です。

ただ近年は、喘息などの病気を抱えたお子さんたちは、通院しながら地元の普通学校に通うことが多くなりました。

そこで現在、本校は、脳性麻痺などの肢体不自由のお子さんや、発達障害、適応障害といった「心の問題」を抱えるお子さんなども対象にしています。

そして、このうちの「心の問題」が原因で本校へやってくる子が、最近、急激に増えているのです。

※この章に登場しているお写真・動画は全てご本人、関係者の許可を得て掲載しています。

こういった子供たちは、身体的な病気や障害は特になく、外見上は〝普通〟に見えます。学力面でも、テストの点数で比べる限り、普通学校に通う子たちとそんなに違いはないですし、中には非常に優秀な点数を取る子もいます。

ですが、人との距離感を図ったり、相手の心を察したりするのが、大変苦手なのです。

こういう障害は、小さい頃ははっきりした診断がつかないことが多いです。そのため小学校は普通校に入ったけれど、そこで学校生活になじめず、いじめにあったり不登校になったりして、中学や高校から本校に移ってくる、というパターンが多い。

最近、「コミュ障」（コミュニケーション障害）という言葉が流行言葉のように使われますね。発達障害や適応障害の子は、まさにコミュ障として扱われ、浮いてしまいやすいのです。

このような理由で本校に通うお子さんは、今では全児童生徒の8割近くに上っています。

私は本校で、「自立活動」という授業を担当しています。これは、子供たちが今後、世の中に出て生活していく上での基盤づくりを目指した授業で、健康面、心理面、人間関係の作り方などを扱います。国語や数学など通常の授業とは別に、こういう授業が週に1、2回、設定されているわけです。

そして、その授業の中で、私はヒモトレを活用しています。

これまで、ヒモトレを使った私の取り組みとして、病気や麻痺を抱える子のケースが紹介されることが多かったと思います。そういう子たちに顕著な効果が認められるのは確かですから、紹介していただく意義は、もちろん大きいでしょう。

ですが、実際の現場においてはむしろ、身体的な問題が特にない、一見、〝普通〟に見える子どもたちの方が、圧倒的に多数なのです。そして、こういった心の問題を抱える子へのサポートとしても、ヒモトレはとても有効だと、私は実感しています。

そこでこの章では、今まであまり語られてこなかった、こういう「心の問題」のケースから、お話を始めたいと思います。まず紹介したいのは、２０１９年に本校の高等学部を卒業していったN君（20歳）です。

自分の「身体」がコントロールできれば、「自信」が育つ

N君は、中学から転校してきた子です。自閉症スペクトラムと診断されていました。適応障害があって、小学校のときから不登校になっていました。

こちらの中学部に入ってからも、なかなか登校できない状況は変わらず。ただ、私が担当する自立活動の授業にはなんとか参加できていました。週に1回、この時間に来て、終わったら教室にも寄らずに帰る、ということが続いていました。

N君は、自分に対するマイナスイメージが強くて、何事に対しても苦手意識を持っていました。特に、運動やスポーツ、体を使う作業など、体を動かすことは全般に苦手。「何をやったって、どうせダメだ」と思い込んでいました。

その一方、ガンプラ（ガンダムのプラモデル）作りや、模型のエアガンを使った射撃遊びは好きで、手先の操作などでは案外器用な部分もある。でも本人は、何をやってもダメだと思っているのです。

教科では、数学が特に苦手で、うまくできないという意識を強く持っていました。

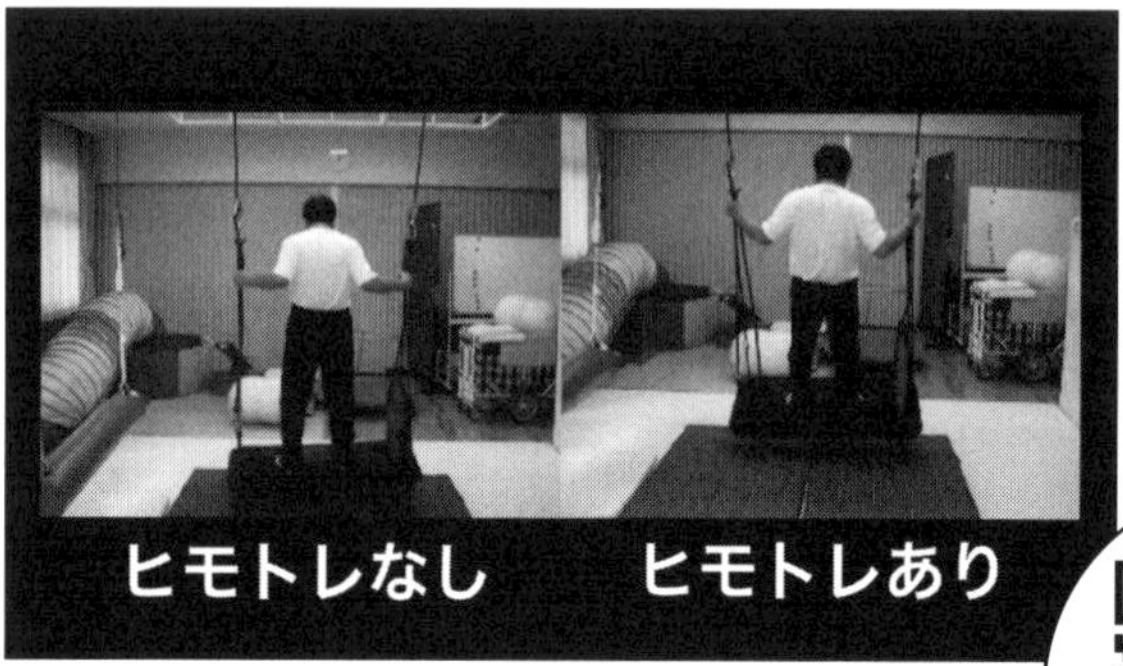

ヒモトレをしていると、力強くしっかりブランコを漕げているのがわかる。

https://youtu.be/G46ebtSfTnM

それがトラウマ的に働いて、「教室に行くのが嫌だ、怖い」という気持ちになっていた。

そして、そんな意識が足を引っ張って、学校の友達や先生との関係をうまく作ることができず、それが不登校の大きな原因となっていたようです。

そこで、自立活動の場では、「自分への自信を高める」ことを目標にしました。

どうやって？　体を使った運動や遊びを通じて、「体をコントロールする感覚」を育てるのです。

私のこれまでの教師としての指導経験で、多くの子供たちは、自分の体がコントロールできるようになると、自分を信頼でき、自信を持てるようになります。そうなれば、コミュニケーションや人間関係も自然とうまくいくのです。

ただ、運動が苦手な子に、体をコントロールする感覚を教えるのは、大変難しい。例えば、N君は最初、ブランコの立ち漕ぎが苦手で全くできなかったのですが（152ページ動画参照）、そういう子に、「ここで膝を曲げて、次は腰を入れて」などと指導をしても、できるものではありません。

膝、股関節、下半身の動きがバラバラで、ぎくしゃくした動作になってしまうのです。自分の体なのに、協調して動かせない。私が見本をやって見せても、わからない。動きをイメージすることができないのです。

ところが、股関節周りなどにヒモを巻いてみると、それだけで体の動きが、自然に連動してくるのです。足の曲げ伸ばしや、腰を入れるタイミングがうまく連動し、いつの間にか一人で漕げるようになっていました。

ヒモトレを使うと、こんなことが自然に起きてしまうのです。本当に、面白いものです。

「好きなこと」を糸口に、「できること」を伸ばしていく

ブランコが苦手なのは、彼だけではありません。発達障害や適応障害があるお子さんは、だいたい体を動かすことが苦手ですね。スポーツや体操、手や体を使う作業、鬼ごっこなどの体を使う遊び、バランスをとる姿勢など、体の操作全般に不器用なことが多いです。

そして、苦手であることを認めるのも、苦手なんです。だから、できないことをやらせようとすると、反発する。しかも、できないということを隠したまま、なんとか避けようとするのです。

N君に最初、ブランコを漕いでみないかと誘ったときは、「そんなことやって、何が面白いんや」と言い返してきました。できないのではない、面白くないからやらないんだ、と言い張るわけです。

そんな状況で無理強いしても、良いことは何もありません。自信を育てるには、あくまでも、本人が自分からやってみようと思うことが大切なのです。

N君の場合は、まず「ガンプラ」から入りました。ガンダムのプラモデルを買ってきて、「どうや、ここ（自立活動の教室）で作らんか」と誘ってみたのです。彼はガンプラが大好きですから、「こんなの学校でやってもええんか？」とか言いながら、目をキラキラさせている。それだけでも、学校に来る動機になりますね。

まずは自由に作らせる。そして頃合いを見て、「ヒモを巻いたら、もっとうまく作れるかもしれんぞ」などと持ちかけるのです。それで、タスキやヘそヒモなどをちょっとつけてみると、確かに指が少し器用に動く気がする、と言うんですね。はた目にも、作業中ずっと猫背気味だった姿勢が、背すじが伸びてどっしりと座れるようになりました。姿勢が安定すれば、余計な緊張が取れ、リラックスして作業できるので、手先の操作性が良くなる。そうなればプラモデルがきれいに仕上がるから、本人も嬉しいですよね。

あるいは、N君お気に入りの模型の空気銃も、「学校に持ってきてもいいぞ」と持ちかける。自立活動の教室に的をしつらえて、射撃ゲームをやらせるわけです。

そしてここでも、「ヒモを巻いたらもっと当たるかもしれんぞ」などと誘ってみる。

バランスボードに乗りながら空気銃で遊ぶＮ君。

実際、ヒモトレを発案した小関勲さんは、オリンピックの射撃チームのトレーナーとして、バランスボードやヒモトレを活用した指導をした経験があるわけですよ。

そんな逸話を話して聞かせると、彼は喜んで試します。オリンピック選手と同じ練習メニューですからね、嬉しくないわけがない。そうすると、やはり体が安定してきて、的に当たりやすくなる。これも、自分で実感できるわけです。

こんな実感が重なってくると、本人の中に、「ヒモを巻けば、結構うまいことできるぞ」という意識が、徐々に生まれてくるのです。

こうなれば、もうブランコも前向きに取り組めます。そして、最初は全く漕げなかったブランコも、ヒモを巻いて、漕げるようになってくれれば、だんだん面白くなってくる。

すると、自分でもやり方を工夫しますから、ますますうまく漕げる、という好循環に入ります。

こんな体験を積み重ねるうちに、自分に対する「自信」が、少しずつ芽生えてくるのです。自分は全然ダメだと思っていたけれど、ヒモを巻いてチャレンジすれば、案外、できるんだ。そんな気持ちを持てるようになってくるのです。

調子が悪くなったときに、「助けて」と言えるか?

ブランコがうまく漕げるようになってきた中学2年の頃から、N君は普通の授業にも少しずつ出られるようになりました。苦手だった数学にも、前向きに挑戦する気持ちが出てきた。成績も、徐々に良くなっていきました。

特別支援学校においても、高等学部へ進学するためには、入試に受かる必要があります。長らく不登校だったN君にとってはなかなか高い壁でしたが、本当によく頑張って、見事に合格しました。

高等学部に入ってからは、ほとんど休むことがなくなりました。苦手な数学も頑張って取り組んだ。勉強以外の面でも、クラスの中で、みんなを引っ張っていこうとするまでに成長しました。高等部3年のときはなんと、自ら進んで生徒会長になったのです。転校してきた当初は教室にも入れなかったあの子が、と思うと、本当に感無量です。

とはいえ、ずっと順風満帆で進んでいったわけではありません。気持ちが沈んで落ち込んだり、やる気が出なくなるときも、しばしばありました。

そういうときはまず、自分でへそヒモやタスキを巻いてみる。「ヒモを巻けば、調子が良くなる」という実感があるので、そういう行動を自分で取れるのです。

さらに、それでも芳しくないとき、N君は、「ちょっと調子悪いから、なんとかして」といって、私がいる自立活動室を訪ねてくるようになりました。

これは、とても大事なポイントです。自分のコンディションを自分で感知し、必要なときに、必要な人に助けを求める。これがちゃんとできるなら、どんな障害がある人でも、社会の一員として、生きていくことができるのです。

ブランコがうまく漕げなかった頃のN君は、ブランコやってみようと持ちかけても、

「そんなのつまらん、俺はやらん」と一蹴していました。ブランコを漕げないという自分の弱点を、なんとかして人から隠そうとしていたわけです。万事、そんな調子ですから、何かあったときに人と対話し、助けてもらうのは、なかなか難しいでしょう。小学校の頃に学校で孤立してしまったのも、一つにはおそらく、このあたりに原因があるだろうと思います。

自分の弱点を認められないのは、自信のなさの裏返し。これがバレたらもう自分は終わりだ、などと心の奥で思っているから、弱いところを必死になって隠すわけですね。そんな態度が、コミュニケーションの障壁になってしまう。

ところが、ヒモトレを通じてN君は、「自分も結構できる」という自信を身につけた。そうなると、「できない」とか「体調が悪い」といった弱いところを、素直に認められるようになる。すると、「助けてほしい」も、言えるようになったのです。

N君は日ごろから、クラスメートたちにも、「元気出ないときは自立活動室にいくといいよ」と話しており、実際、よく友達を連れてきていました。そんな振る舞いを通じて、クラスのみんなから信頼されるようになり、リーダー的な存在になって、最終的には生徒会長になったのです。

そして卒業後は、アニメやイラストが好きなので、そういう制作技術を学ぶ専門学校へ進学し、生き生きとした日々を送っています。

呼吸が深くなれば、心が安定する

さて、それでは、調子が悪くなったN君が自立活動室にやってきたとき、私がどんなことをしていたのかを、紹介しましょう。

うつ伏せになったN君の背中に、私が手のひらを乗せています。これは、深い「呼吸」を誘導するための手技です。

この章のはじめの方で、発達障害や適応障害があるお子さんは、身体の面では〝普通〟だ、とお話ししました。確かに、明らかな障害などはないのですが、子供たちをよく観察すると、一つ、興味深い共通点があります。

みんな、「呼吸が浅い」のです。

具体的には、呼吸に伴う胸やお腹の動きが小さい。動く部位も限られている。体に触れてみると、ほとんどの子は、脇の下や背中など胸郭周りの筋肉が、ガチガチに緊張しています。

いつもこんな状態で息苦しくないのか？と心配になるほどですが、本人たちはそれが普通だと思って生活しています。しっかりとした深い呼吸を、ほとんど経験したことがないのです。

タスキをかけたり、胸の周りにぐるりとヒモを巻くと、胸回りの緊張が少しほぐれて、呼吸が楽になります。また、へそヒモは呼吸に伴うお腹の動きを誘導するので、これでも呼吸が少し深くなる。多くの子供たちが「ヒ

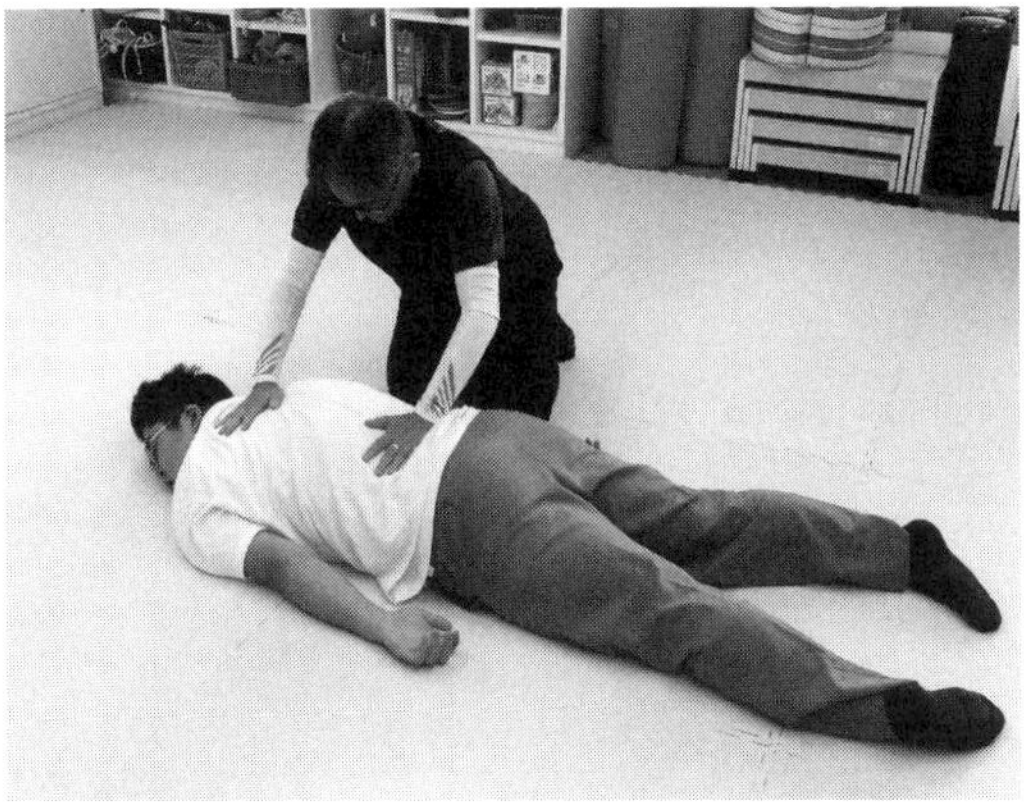

深い呼吸を誘導する藤田氏。

モを巻くと楽になる」と感じるのは、ヒモトレだけでも呼吸が少し楽になるからでしょう。

ただ、ヒモだけではどうにもならないほど、体が緊張してしまうこともある。そんなときは、胸郭周りの硬直したところをマッサージしたり、写真のようにうつ伏せ姿勢になったところで背中に軽く圧をかけたりします。より積極的に、深く呼吸できるように働きかけるわけです。

こんなふうにして緊張が取れ、呼吸が深くなれば、気持ちも落ち着きます。すると、揺らぎかけていた自信が息を吹き返し、「また頑張ろう」という気持ちが自然と湧いてくる。こんな経験を繰り返しながら、N君は、自分の心の揺らぎとうまく付き合う自分なりのやり方を、見つけていったのです。

周りはみんな敵。いつも〝爪先立ち〟で身構えていた

胸郭周りをガチガチに固めているときの体は、極端にいえば、いつも「戦闘態勢」を取っているようなものです。

わかりやすいイメージを挙げるなら、ボクサーのファイティングポーズ。攻撃に備えて自らの身をがっちり固め、指一本触れさせないぞと威嚇するような、あのポーズです。

こんな姿勢をとるのは、心の中で無意識のうちに、周囲の人を「敵」とみなして、備えているから。だから、誰にも心を許さない、弱みを見せない、という態度になる。それが体の姿勢や緊張感にも現れて、胸が硬くなるわけです。

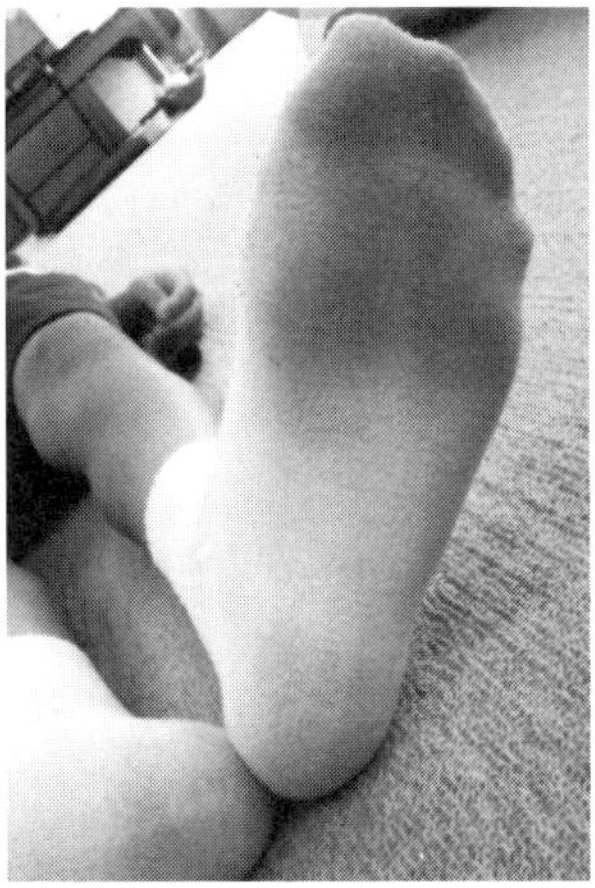

N君の靴下。爪先の部分が汚れているのがわかる。

上の写真は、N君の足の裏です。足の前の方、指や母指球のあたりは靴下が汚れているのに対して、土踏まずより後ろは真っ白で全く汚れていないのがわかるでしょう。

つまりN君は、いつもかかとを浮かせた姿勢で、戦闘態勢をとっていたのです。学校内では上履きを履いているので見えませんが、靴の中では、いつもかかとが浮き上がっていたのでしょう。

もちろん、本人の意識では、「周りが敵だ」なんて自覚はありませんよ。無意識のうちに、体がそんな構えをとっているのであって、自覚的にはそんな意識はない。でも、無意識なだけにかえって、そのファイティングポーズを止めることが、自分の意思では難しいのです。

ヒモトレは、そんな無意識に起きてしまった体の緊張状態に働きかけ、落ち着かせる作用があります。そして体が落ち着けば、心も和んでくる。すると、弱みを見せても大丈夫だな、という気持ちが、自然に湧いてくるんですね。

昔ながらの「体遊び」から学べる、たくさんのこと

私の自立活動の授業では、昔ながらの遊びを積極的に取り入れています。N君だけでなく、多くの子供たちが、ブランコや鬼ごっこ、ひも登りなどをしながら、遊びの中で、体の操り方のコツなどを学んでいます。

体を安定的にコントロールできれば、心の働き、情緒も安定する。逆に、体がコントロールできないのに、心をきちんとしなさい、落ち着きなさいなんて言われても、どうすればいいかわからないでしょう。動作とか、姿勢などを整える感覚が身についてこそ、心を鎮めることもできるわけです。

昔の子供たちは、遊びを通じて、体を動かすコツを自然に身につけていったのでしょうね。と同時に、自信とか、人との接し方や関係の持ち方、距離の取り方なんかも、覚えていった。

今は、子供の遊びも、スマホとかゲーム機ばかりです。体を動かしたり、ぶつかったりしない。すると、以前なら遊びを通じて体で学んでいたことが、全くできないわけです。

近年、発達障害のような問題がある子供が増えている背景には、もしかしたら、そんな事情が関わっているのかもしれない。そう考えると、今では1、2歳ぐらいの、言葉もろくにまだ話せないような子が、スマホとかで遊んでいるでしょう。ああいうの

肋木を使った鬼ごっこ。

は本当に大丈夫だろうかと、大いに心配ですね。

だから、本校のような特別支援学校だけでなく、普通の小学校や中学校でも、自立活動のクラスを設けて、こういう体の遊びをどんどん取り入れればいい。私は、そう思っています。

ヒモトレに任せていれば、余計な「指示」がいらなくなる

実際にやらせてみると、どうしてもうまくできない子供がいるんです。例えば、壁の肋木《ろくぼく》を使って鬼ごっこをするという人気の遊びがあるんですが、こういうのは、手で握るとか、足で踏ん張るという動作ができないと、思うように動けない。

これ、以前だったら、私が腰に手を当ててちょっと支えてやる、というようなサポー

ト法しかなかった。でも、子供が何人もラダーにつかまって、わらわら動き回っているわけですから、私一人の手ではとても足りない。だからといって、口で「ほら、しっかり掴んで」などと指示しても、子供にしたら、なんだか怒られてるみたいで楽しくないですよね。

ヒモトレフェスで実際の指導の様子を伝える藤田氏。

そういうときに、ヒモトレが本当に役に立つ。お腹やタスキをちょっと巻いておけば、それだけで本当に、いい動きができるようになるんです。そうしたら私は、「ああできたなぁ、うまいなぁ」って褒めるだけでいいんです。その方がお互いに楽しいですよね(笑)。

教師という職業柄、できない子に向かってどうしても、「頑張れ」って言いたくなってしまうんです。でも、子供たちはもう、十分頑張っている。頑張っているのにできないという状況は、こちらが、彼らの体の能力を引き出せないということなんです。そこに頑張れという言葉だけ投げかけても、むしろ余計なプレッシャーになるだけ。

でも以前は、他にやりようがなかった。自分に手が10本もあれば、全員に手のひらで触れてサポートできるかもしれないけれど、実際は2本しかないのだから。

だから、ヒモトレを知ったことで、私自身がジレンマから解放された、という面もあるんですよ。本当に、ありがたいものです。

さて、ここまで紹介してきたお話は、発達障害などがあるお子さんだけの問題ではないと、私は思っています。

今の世の中、人間関係などで悩んでいる人は、大人の社会でも大勢いますよね。そういう問題の一因として、おそらく多くの人が、無意識のうちに対人関係で構えてしまって、呼吸が浅くなっているのではないか。N君と同じような問題を体に抱えている人は、世の中に山ほどいると思うのですよ。

私はそういう人みんなに、ヒモトレをお勧めしたい。ぜひ、試していただきたいです。

脳性麻痺の
Oさんの場合

次に紹介するのは、脳性麻痺で右半身が麻痺しているOさん（18歳）。とても頑張り屋の女の子です。小学校のときに本校へやってきて、現在、高校3年です。

中学3年の頃から、Oさんは、電動車椅子に乗る練習を始めました。この先、彼女が学校を卒業して世の中に出て行ったとき、自分の意思で動き回るためには、どうしても必要です。もちろん、自力で立ったり歩いたりする練習もしていますが、屋外などを移動するには、やはり電動車椅子が欠かせないでしょう。

麻痺しているのは右半身ですから、左手はある程度自由に動きます。電動の車椅子は、片手のレバー操作だけで走行可能ですから、それなら左手でレバーを動かせば簡単に乗れる、と思うかもしれません。でも、そういうものではないのです。

まず、動く車椅子の上で姿勢をキープするには、体幹部や、麻痺している側の手が、支えとして働かないといけない。麻痺している部分まで含めて、全身がうまく連動しないと、体を支えられないのです。

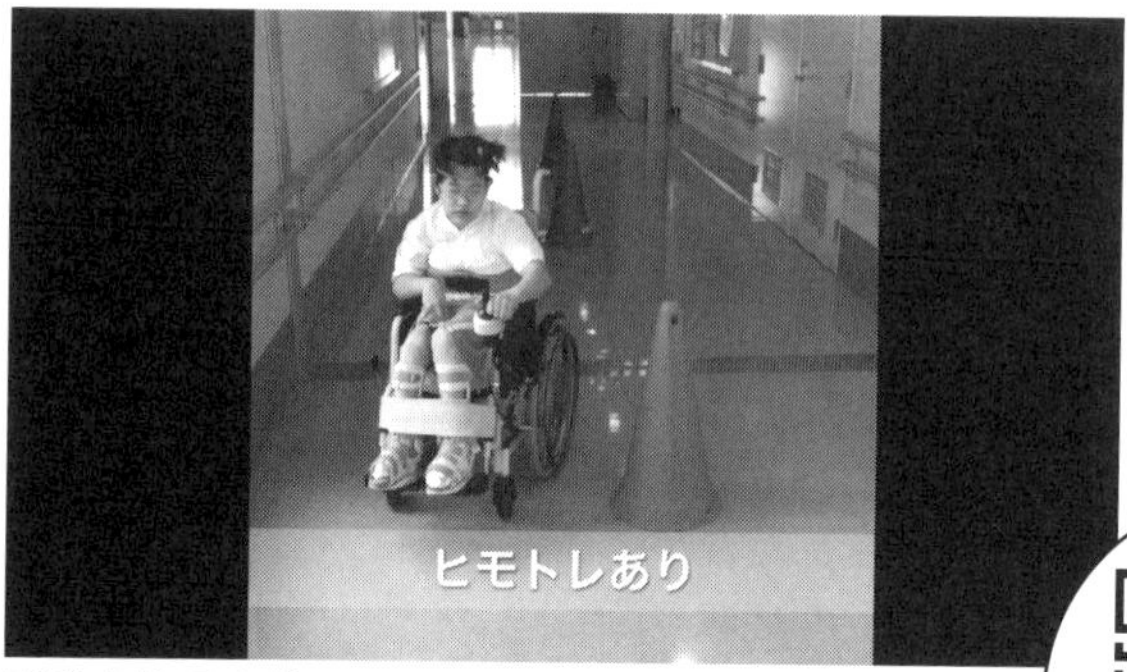

電動車椅子を使ってスラロームの練習。ヒモトレを使うと操作がスムーズになる。

https://youtu.be/yXffK02hNUg

　また、屋外を動き回るには、周りを広く見渡す必要があります。信号機、周りの人の動き、交通の状況など、いろいろなものを見ないといけないですから。そのためには、首や頭が自由に動かなければいけない。

　でも、そこで彼女は頑張りすぎの面が足を引っ張ってしまう。レバーをうまく操作しようとして、つい体が力んでしまうんです。特に、首や肩の回りがものすごく緊張して固まり、動きが悪くなる。それで、視野が狭まってしまうのです。同時に、手の動きも悪くなります。

　そんなわけで、最初はなかなかうまく操作できませんでした。そこで、ヒモトレを使ってみました。そうしたら、とてもうまく動けるようになったのです右ページの動画は、カラーコーンを置いてスラロームの練習をしているところです。学校の運動会の徒競走に、車椅子の子も出るんです。でも、電動でまっすぐ走るだけならすぐに終わってしまうので、こんなふうにスラロームで走ってもらうんですね。ヒモなしのときは、体が力み気味で、動きが少し硬いです。それが、タスキと、頭にはち巻きを巻いたら、力みが和らいで滑らかに動けるようになった。

もちろん、ヒモだけで上手くなったわけではないですよ。ここまで上達したのは、Oさんが頑張って練習を積んできたから。でも、ヒモトレなしのときは、その頑張りが空回りしていたのです。ヒモトレをすると、力の入れどころと抜きどころが、ちょうどいい塩梅にまとまるんですよ。それで、上達のペースが一気に早まった。そうして、こんなに動けるようになったのです。

「麻痺がある体」で動くことの難しさ

体に麻痺がある子では、Oさんのように、つい力が入りすぎてうまく動けない、というケースがよくあります。やらないかん、こうしないといかん、という思いが強いほど、体が力んでしまうんです。

これを私はよく、こんな例を使って説明しています。

「イスに座って、両方の足を浮かせてください。そしたら、その状態のまま手を伸ばして、いろいろなものを掴んだり、持ち上げたりしてみましょう」

どうですか。足の踏ん張りがきかないから、手を伸ばすだけで体がグラついて、安定しないですよね。

普段、座った姿勢でちょっと手を横に伸ばすようなとき、「足が踏ん張って体を支えている」などという意識はしないでしょう。でも、試しに足を浮かせてみると、手を伸ばす動作がいきなり難しくなる。つまり、普段は無意識のうちに足が踏ん張って、手を伸ばす動作を支えていた、ということがわかります。

麻痺がある体とは、この「足を浮かせて踏ん張れない状態」のようなものです。体の一部に麻痺があるため、全身が連動して姿勢を保つのが、とても難しい。その難しいことを、なんとかやろうとして頑張るから、つい体を固めて、力んでしまうのです。

そんなときに、例えば「肩の力を抜いて」などとアドバイスしても、逆効果なんです。力を抜かなきゃ、と思って肩を意識するほど、かえって力んでしまいます。

ヒモトレをすると、体の中の「つながり感」が、自然に出てくるんですね。麻痺がある中でも、体のいろいろなところが連動して働き、体が安定する。すると、むやみに頑張る感じがふっと取れて、いい塩梅に、緊張と脱力のバランスがとれる。すると、動きやすくなるんですよ。

「麻痺した手も、体の一部として扱う」ことの大切さ

つい力んでしまうのは、体の中の「麻痺していない場所」です。なまじ動かせるだけに、どうしても意識がそこに集中して、力が入ってしまうのです。

では、麻痺している部位はどうか。こちらは逆に、意識の中からだんだんと消えていきます。

例えば教室で、机に向かって座っているとき。最初は机の上に両手を載せていたの

に、いつの間にか、麻痺側の手が机の下にだらんと下ろしっぱなしになっていることが、よくあります。動かない部位は、意識から外れてしまうことで、視界からも外れていくのです。

こうなると、体はもうバラバラです。麻痺した部位は意識の外に置いて、意識が及ぶ範囲内の体だけで動こうとするから、バランスがとれないんですよ。

やはり、麻痺している側の手も、きちんと見えるところに置いて意識していないと、体がうまくまとまらない。たとえうまく動かないとしても、やはり体の一部なんですよ。

ですから、片麻痺（体の半分に麻痺がある状態）の子にヒモトレをする場合、麻痺している方の手にもヒモを巻きます。ここも体の一部だよ、と、ヒモを通じて体に教えてあげるわけです。

すると、興味深いことが起きます。動かないはずの手なのに、握り方が変化する。ギュッと硬く握り締めて固まっていた手が、ふわっと緩んできたりするのです。

つまり、こちらの手も、動くのですよ。と同時に、麻痺していない側の手の動きも、スムーズになったりします。

不思議ですよね。こういうのは、どう考えたらいいか。「麻痺」という言葉を文字通り受け取るなら、ヒモを巻いたからといって、握り方が変化するはずはないですね。

変化したということは、その「麻痺」部位の骨や筋肉、神経などは、潜在的にはまだ働ける状態だった、ということです。ヒモの接触を感じるセンサーも、ちゃんと稼働しているのでしょう。それが、なんらかの理由で、働けなくなっていた。例えば、神経を介して伝わるシグナルに問題があって、固まったままになっているのかもしれない。それなら、そこが修正できれば、動きが回復する可能性があります。

もちろん、全ての麻痺がそうだとは言いません。ですが、それまで思っていた以上に、可能性が残っているのかもしれない。そんなことも、ヒモトレを通じて見えてくるのです。

「私の初心者マーク、いつになったら取れますか?」

さて、ここで一つ興味深いエピソードを紹介しましょう。

車椅子の練習を始めたばかりの頃、まだ操作がうまくできないOさんのために、私は、先輩の生徒から受け継いだ大きな初心者マークのサインを、彼女の背中にペタリと貼り付けました。校舎の中をゆっくり動いている彼女を、周りのみんなに温かい目で見守ってもらえるように、との思いからでした。

それから3年。Oさんは初心者マークを背負いながら、ヒモを身体中にいっぱい巻いて練習を続け、今ではすっかりうまく動かせるようになったわけです。

そして最近、同じクラスの女の子が新たに練習を始めた。彼女はもう、〝学校内でいちばんの初心者〟ではなくなったんですね。

そしたら、ある日、私に向かってこう言ったんです。

「先生、私、いつまで初心者マークですか？　いつになったら取れますか？」

私はこれ、本当に、感動しました。

Oさんは頑張り屋の反面、性格が奥ゆかしいところもあって、人に何かを頼むとか、やってほしいと伝えることを、苦手にしていました。

自分が障害があって、いろんなことを人にやってもらっているので、これ以上迷惑かけたら悪いなと思っているのでしょう、ついつい言いたいことを言えず、黙ってしまうような性格だったんです。

でも、それではまずいのです。将来、社会で生きていくためには、必要なときに、ちょっとここを押してほしい、支えてほしい、助けてほしい、などと自分から言わないといけない。それができないと、よりよく生きていけないのです。

だから、「〇〇してほしい」という言葉が本人の口から出てきたら、それはその子が本当に成長した証なんですよ。

そんな言葉が、ついにOさんの口から出てきた。

初心者マーク、いつ外せますか。そろそろ外してほしい、と。

クラスの担任の先生に伝えたところ、「え、そんなこと本人が言ったんですか?」と、びっくりしていました。担任の先生も、彼女はそういうことを言えない子だって思っていたんです。

どうしてそんな言葉を言えるようになったか。やはり、練習を積み重ねて、自分はもううまくなった、という自信を、Oさんが身につけたからでしょう。

そして、その上達を支えたのが、ヒモトレです。ヒモトレを通じてOさんは、これを使えば上手に操作できる、という確信を得ることができた。だから、「初心者マークを外してほしい」が言えたのだろう。私はそう思っています。

脳性疾患などの

P君の場合

最後に、小学6年生の男の子、P君を紹介しましょう。彼は小学校入学のタイミングで、うちの学校へやってきました。

P君は、生まれたときから、体に力が入らない障害があります。小学校に入ったときも、車椅子に座ったまま。それも長い時間は難しい。立つことも、歩くこともできなかった。

麻痺ではありません。筋肉や関節、全身の緊張度が低いのです。関節は、反対に曲がってしまうほどぐにゃぐにゃです。

P君には、最終的に自力で立てて、歩けるようになってほしい。それに必要な筋力

2018年。
もうスイスイと
走るように歩いて
います。

歩行器の練習をするＰ君。始めの頃とは比べ物にならないほどで“重し”が必要なくらいです。

https://youtu.be/2tA9fejlVfE

をつけるために、立ち姿勢のままサドルにまたがって乗る歩行器を使って、トレーニングを重ねています。

これで動けるようになるまでに、ヒモトレが大活躍をしてきたのです。

ヒモトレを使って、体の中の「つながり」が出てきた

最初は、この歩行器に乗せても、全く動けませんでした。なんとか立っていられるだけ、というような状態。それが今では、両足で床をしっかり踏んで歩き、上りスロープでも苦もなく登っていくほどです。

もう、平らな廊下ではスピードが出すぎてしまうので、私が〝重し〟として歩行器に一緒に乗ることさえあります（笑）。それでも十分動けるようになりました。

最初の、動けなかった頃と何が変わったのか。筋力がついたのもありますが、それ以前にまず、体の〝つながり〟、全身が連動する感じの動き方になりましたね。立ったり歩いたりするためには、これがとても大事なんです。

全身がゆるくて力が入らなかったP君ですが、部分的には、過剰に緊張している部分がありました。例えば背中。彼は背中の筋肉に力を入れて固め、その力で体を反らせて、背中を支点にして体を動かそうとしていたんです。逆にお腹側の筋肉は、全く使えていなかった。

お腹周りにヒモを巻くと、前と後ろはひとつながりだ、という感じが出てきます。すると、力みっぱなしだった背中がゆるみ、働いていなかったお腹の筋肉には力が入るようになる。そうやって前と後ろが連動してくれれば、自力で体を支えて立てるのです。

足の動きも変わりました。最初の頃は、歩行器の中で、足があっちに行ったりこっちに行ったりしていた。これも、お腹や股関節にヒモを巻くことで、上半身と下半身が連動し、足に体重をのせられるようになってきた。「床をしっかり踏んで」という感じが出てきたのです。

今では、ヒモトレなしでもかなり安定して動けるようになっています。ですからヒモは、ちょっと体調が崩れてバランスが悪くなったようなときにだけ、ピンポイントで使っています。

また最近は、歩行器なしで立ったり歩いたりする練習も進めています。これも、テーブルに手をついたり、足首に装具などをつけたりすれば、なんとか立てるぐらいになってきました。

目標にしている「自力で立つ、歩く」は、十分実現可能なところまで来ている。私はそう確信しています。

「自力で立てる」ことに、どんな意味があるか

重度の障害を抱えた子の自立活動の指導で、何を目標にするかは、一人一人異なります。抱えている障害の程度や、置かれている環境など、みんな違いますので、その

子に合った目標を定めることが大事です。

P君は、「自力で立てて、歩けること」を目指しています。彼の将来のことを考えると、ちょっとの間でも「一人で立てる」ことが、とても重要だからです。

彼が今いる学校という環境は、比較的手厚い助けが得られる場所です。先生がたくさんいますから。彼に関心を持ち、関わってくれる人がいっぱいいる。

でも、いずれはここを卒業していきます。そうなると、なんらかの福祉施設や福祉サービスを利用して、生活することになるでしょう。学校に比べると、そういうところはどうしても職員の数が限られているので、手が回らないという状況が生じやすい。

そうなったときに、介助する側から見て、ちょっとでも〝ラク〟な部分というか、一人でできることがあってくれると、やっぱり声をかけてもらえやすいんですね。

例えば身辺のこと、おしっこするとか、着替えるとか、車イスからどこかに乗り移るといったときに、ちょっとどこかに掴まって一人で立っていられれば、介助する側としては、とてもやりやすいんです。

これは、その子が抱える障害の程度や種類によって、目標とする内容が変わってきます。例えば、名前を呼んだら声を出して返事ができるとか、目があったらニコッとするとか、そういうことでも、あるとないとでは、介助する側からみた印象がずいぶん違う。

そういうものがあれば、どこかの施設を利用するときに、「ちょっとあの子を見てほしい」「はい、見ますよ」という具合に、いろいろなことがスムーズに行きやすいんです。

ですから、どんな重度のお子さんでも、いかにそういったポイントをたくさん見つけてあげられるか。それで、その子の5年、10年、20年先が違ってくるのです。

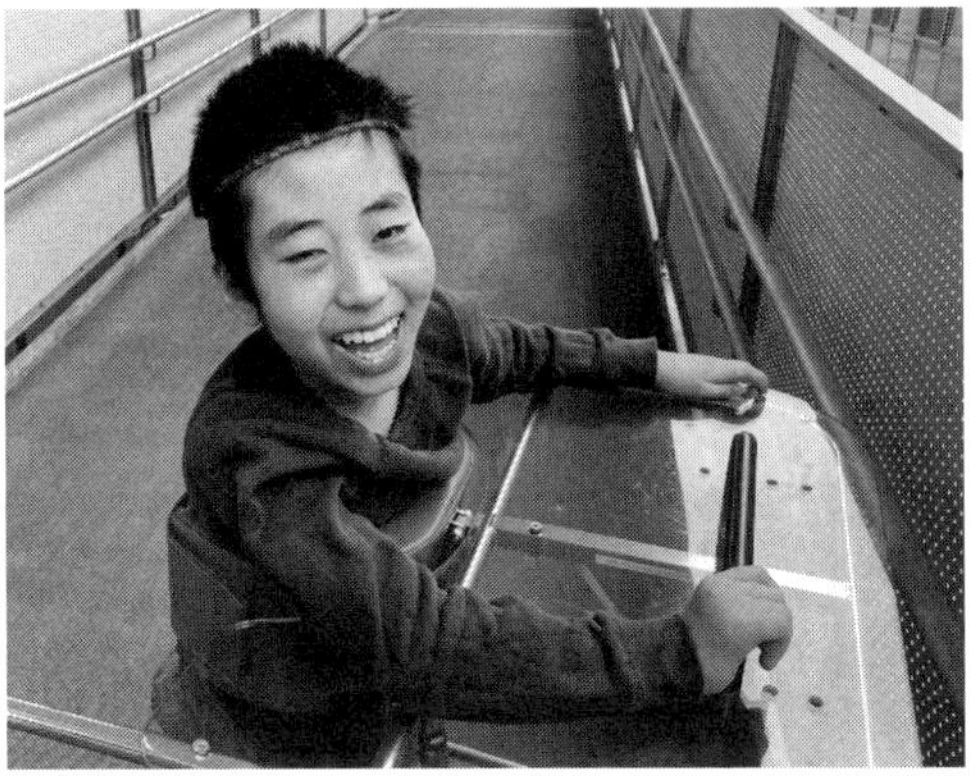
自立活動中のＰ君。頭にははち巻きが巻かれています。

障害の種類や重度、本人の思い、親御さんの思い。それらをすべて踏まえて、「ではこういうところを狙いましょう」と、指導計画を決める。Ｐ君の場合、親御さんはやっぱり「自分の足で歩いてほしい」という気持ちが強いです。物理的に歩く、ということと同時に、「意欲的に自分で動く」ということもありますね。

ですから、ヒモトレを活用して歩行器で動けるようになったことを、親御さんはことの外、喜んでくれています。入学して最初の運動会で、P君が歩行器に乗って徒競走に出たとき、「うちの子が、歩いてる」と、本当に感激しておられました。

あの歩行器は、お尻を乗せるサドルがついているので、本当に歩くのとはちょっと違うんですが、親御さんから見れば、足で踏み締めて進む姿は、立派な「歩く」なんですよ。

ヒモトレは、子供たちの力を引き出してくれる

もし私がヒモトレを知らないままだったら、P君のようなケースのトレーニングは、ずいぶん大変だっただろうと思います。

立つ練習であれば、力が入ってほしい部位に手を当てて、補助をするわけです。でも、全身の力が抜けているのですから、文字通り、手が回らない。手が5本も6本もほしいのです。

学校におけるヒモトレの効果

- うまく動かせない体を協調させて動かすことができるようになる。（一体感、連動性）
- できなかった動きができるようになることが体験できる。（失敗体験→成功体験へ）
- 無理して体を動かさなくていいことを体験できる。（自分への気づきを生み出す）
- 小さなできた体験を積み重ねることで、自分への自信を高めていくことができる。
- 呼吸や体の疲れ（肩こり、眼精疲労など）を改善・軽減することができる。
- 呼吸が落ち着くことで、心身ともに落ち着くことができる。

手伝ってくれる人が何人もいるなら、なんとか可能でしょうが、いくら学校内とはいえ、いつもそんな訳にはいきません。

力が抜けている部位、例えばお腹周りにヒモを巻くと、それだけで、必要な力が入る。「ここ、誰かに手を当てておいてほしい」という代わりを、ヒモがやってくれるわけです。これは本当に、助かります。

あと、ヒモトレをして何かができるようになったとき、子供たちは自然に、「自分でできた」という受け取り方をします。誰かに頼ったわけでも、無理やりさせられたわけでもなく、自分の意思でやった、と。

これはとても大事なことです。こちらとしては「支援」することが仕事なので、いろいろな方法でアプローチするわけですが、そうなるとやはり、こちらが「させている」という面がどこまでもついてくる。でも、本人が自分で動くようになってもらわないと、学習にならないです。その子の力を全部出し切ることにならないわけですよ。

ヒモトレは、自然に子供たちの力を引き出してくれる。そこが、いいのです。

「過緊張」にも「弛緩」にも「麻痺」にも有効、という面白さ

さて、ここまで3人のお子さんを紹介してきましたが、3人の体が有する障害の種類は、全く違います。N君は自閉症スペクトラムで、身体的には「過緊張」傾向でした。Oさんは「半身麻痺」。そしてP君は「全身弛緩」ですから、過緊張とは真逆の状態と言えます。このすべてに対して、ヒモトレが有効だったわけです。

こんなふうに、全く異なる種類の障害に対して、「ヒモトレ」という共通のアプローチが有効、というのは、とても興味深いことです。一般的には、病気の種類が違えば治療法も違うものですから。このあたりも、ヒモトレの面白い特徴だなと思っています。

現象ではなく、原因への支援

- うまくできないのには原因がある。
- 見ること、聞くこと、ものを操作すること、人と関わること、気持ちを落ち着かせることなどの難しさの原因は一人一人違うものがある。
- 原因を改善することで、動きや人間関係などが改善できる。
- 力を入れすぎること（力感）で動こうとすると、無理をしすぎて自分の体と心の動きを見失うことがある。
- 無理をして失敗経験を重ねるより、原因にアプローチすることで「できる自分」を体験できる。

小関さんとの最初の出会いは、2013年頃。バランスボードについて書かれた本『小関式心とカラダのバランス・メソッド』（学研プラス）を読んだときでした。バランスをとるという課題は、私たちのところでも、たくさん取り入れていますから、バランスという言葉に興味がありました。

それまでの私は、子供たちがうまくバランスをとれるようになってほしいという一念で、「がんばれがんばれ」と励ましていた。でもこの本には、「がんばりすぎない、立とうとしない、ただ体に任せてみる」などと書いてある。切り口が全く違うな、と感じて、興味を持ったのです。

その本に、ヒモトレも少しだけ紹介されていた。気になったので、小関さんの講座を探して受講し、自分でもやってみたら、確かに体が変化するのを感じました。

それで、学校に戻ってから、いつも背中を丸めた姿勢になってしまう子供に、ヒモトレを試してもらったんです。そうしたら、勝手に腰がぐーっと入って、キレイな姿勢になった。

あれは衝撃でした。今まで自分は何をやっていたんだろう、と思いましたね。この子の体はもともと、こういう力を持っていたんだ、でも自分は、その力を引き出せていなかったんだな、と。それが、こんな簡単な方法でここまでできるのだから、本当に驚きです。

まあ、これまで私がやってきた努力、いろいろなところで学んで身につけてきた技術は何だったんだ、と気が抜けてしまう面もありますけどね（笑）。

子供たちは、みんな、いずれ学校を卒業していきます。そうなったとき、自分で、あるいは保護者など周囲の人が、何をできるか。体にヒモをゆるく巻くだけなら、特別な技術を身につけていなくても、誰でも日常的にできます。それで介助が楽になるなら、こんないいことはない。

「自分に対する自信をつける」

- 自分を好きになる。
- 自分の存在を認める。
- 否定的・落胆的に自分を見ない。
- 自分もまんざら捨てたもんじゃない。

「子どもの自信を奪わない関わり」

- 失敗を受け入れられる広い心で受け止める。
- 今できるところ（存在）を認めてあげる。
- いいところを見つけ出し、引き伸ばしてあげる。

私は、保護者の方にもお勧めしてるんですよ。重度の障害を持つ子の親御さんは、常に同じ方向、同じ姿勢で子供たちを援助していますから、自分の体がだんだんねじれてくるんです。保護者を集めた研修会で、小学部、中学部、高等学部と、学年が進むにつれ、親御さんの体がひどくねじれたり、ずれたりしている。それだけ負担が蓄積していくんですね。

そういう方々にヒモトレを紹介していくと、腰や膝の痛いのが楽になったとか、子供を持ち上げるのが楽にできるとか、そんな話がたくさん出てきた。これも、本当に良かったと思っています。

第3章

鼎談・ヒモトレが示すヒトの可能性

ヒモトレをすると、障害などがある人の身体機能が改善する——。驚くべき話である。ただ、ヒモトレの作用を「身体機能の改善」という枠組みだけで捉えてしまうと、より本質的なことを見落としかねないという。ヒモトレの本質とは何か？　どんな注意をして取り組めばいいのか？　ヒモトレ発案者の小関勲氏が、浜島氏、藤田氏と語り合った。

●司会・北村昌陽（医療ジャーナリスト）

治療家・浜島 貫

養護学校教諭・藤田五郎

ヒモトレ発案者・小関 勲

――それではよろしくお願いします。

最初に、小関さんがこちらのお二人と出会ったきっかけなどを教えてください。小関さんは、主にアスリートのトレーニングに関わる分野で活動されています。一方、浜島さんは、在宅介護の現場へも出向いている治療家。藤田さんは養護学校の先生ということで、元々はあまり接点がないと思うのですが、どうやって出会ったのですか。

小関　そうですね、お会いした順番は、藤田さんの方が先です。2013年頃だったと思いますが、私の本（『小関式　心とカラダのバランス・メソッド』）を読んで、興味を持っていただいたということで、講座に来ていただいたんですよね。

藤田　ええ、そうです。ちょうど大阪で講習会があったので（当時のエピソードは187ページでも紹介）。

小関　そこで、ヒモトレを使って子供たちがこんなふうに変化した、といった内容を拝見して、それから互いにやりとりをするようになりました。

――どんな印象でしたか。

小関　正直なところ、起きた変化そのもの、例えば姿勢が良くなったとか、呼吸が深くなったといった現象は、まあそうだろうな、という感じで、もちろん嬉しかったですけれど、驚きはそれほどなかったですね。

――それぐらい起きても不思議ではない、と。

小関　ええ。それよりも、ヒモトレを使うことによって、子供たちの自立性といいますか、主体的な感覚が育っていく、という話を聞いたときに、ものすごく感動しました。変化そのものより、その変化の大本になる部分が育まれていた、ということで。

今回、紹介していただいたケースでいえば、半身麻痺の女の子が「初心者マークを外してほしい」と自分から言えた話のようなエピソードです。

ああいう立場の子たちって、周りの人に助けられることが非常に多い分、独立した感覚が育ちにくいという面があると思うんです。

ヒモトレ発案者・小関勲氏

治療家・浜島 貫氏

養護学校教諭・藤田五郎氏

司会・北村昌陽氏

この鼎談は新型コロナウイルス感染症（COVID-19）による緊急事態宣言下（2020年5月）であったため、ネットミーティングで行なわれました。

例えば、食べ物の味付けや、暑さ寒さに応じて着る服を選ぶような場面をイメージするとわかりやすいですが、その人にとっての「ちょうど良い」ポイントというものが、どこかにありますよね。そういうものは、人に教えてもらうことはできません。本人にしか判断できないものです。そして、それを判断できるようになるには、その基準となる体験が必要です。

ですが、衣食など日常的なことを周りの人に助けてもらう立場では、そういった経験を積むことが、案外難しい。

そこを藤田さんが、ヒモトレを使って……まあもちろんヒモだけではないでしょうけれど、ヒモトレを一つのきっかけにして、上手に子供たちを導いて、主体性、自立性といったものを引き出しておられる。

そういうエピソードを聞いたときは、やはりものすごく嬉しかったですね。

藤田　ありがとうございます。

小関　私はいつも、ヒモトレでわかりやすく何かの症状が良くなったような場合、それは「副産物」だと言っているんですよ。それ以前に、もっと重要な変化が必ず起きている、と。だってヒモトレは、最初から、症状にフォーカスしたものじゃないですから。

今回、浜島さんが紹介してくださった数多くのエピソードでも、ヒモトレで何かの具合が良くなっただけじゃなくて、ヒモトレを通じて、その人の生き方とか、周りとの関わり方など、いろいろなものが見えてきていますよね。そういうところに大きな価値があると思っています。

――では、浜島さんとの出会いは、どんなふうだったんですか？

小関　浜島さん、どうでしたっけ？（笑）

浜島　僕もね、確か、講座にいきなり行ったんですよ。

小関　あ、そうでしたっけ？

浜島　ええ。2015年の暮れ頃だったと思いますが、小関さんの一般向けの講座と、古武術研究者の甲野善紀先生の医療者向けの講座があったので、立て続けに両方、行ったんです（当時のエピソードは110ページでも紹介）。

小関　ああ、そうでしたね。それ以前にも、介護などの分野でヒモトレに関心を持ってくれた方はいらっしゃったのですが、浜島さんは、ちょっと感じが違ったと言いますか……。いい意味で、こだわりのない人という印象が強かったですね。

ご自身は鍼灸などの専門資格を持っているのですが、自分の手技へのこだわりはあまり強くない。もちろん、技術や知識がある上で、ですが、まず患者さんそのものの変化を見ている。だから、ヒモトレを使って体が動くようになるのなら、別にそれでいいんじゃない、と。そのあたりの感じが、それまでお会いした人たちとかなり違った印象でした。

浜島　（笑）

小関　それで、あ、この人面白いなって思って。ちょっとずつやり取りさせてもらうようになりました。

がんばるだけじゃない、自分らしさを見つけてほしい

小関　同じようなことは、実は藤田さんにも感じていました。私の講習には、養護学校の先生もよくいらっしゃるのですよ。で、私は藤田さんから、子供たちにヒモトレを使ったらこんなすごいことが起きた、という話をたくさん伺っているので、これは養護の世界でどんどん活用してもらえるのでは、と思っていろいろお話しするのです

が……。どうも、難しく考えてしまうようです。

藤田さんは、子供たちが、一人の人間として成長していくところを、見事にキャッチしていらっしゃる。「病気や障害への対策」という限定的な発想を超えて、広い視野で子供たちを見ている感じが伝わってくるのです。そのあたりが独特だなと、いつも感じています。

先ほども言いましたが、ヒモトレは、問題や症状には直接アプローチしません。なぜならば、それは結果的なことだからです。原因は、別なところにある。

僕はそれを、「全身」「全体性」といった形で捉えています。全体性が損なわれることが問題の根本であり、それを取り戻すことによって、多くの問題は、結果として、解決されるのです。そして「全体性」は、「部分」や「断片的な関係性」を手放したり、やめてみたりすることで、見えてくるものです。

まあ、ヒモトレに興味を持たれること自体、お二人にはもともと、このような視点があったのだろうと思います。だから、ヒモトレをすぐに手足のように活用できたのでしょう。

――なるほど。藤田さん、そのあたり、いかがですか。目の付け所がもともと違ったんじゃないか、というお話ですが。

藤田　うーん、まあ、ほかの先生方のことはよくわからないですけど。ただ、子供たちが障害と向き合いながら、その子の生活といいますか、その子の人生を、より良く生きてほしいなっていうのは、常に一番にあります。

ですから、その子にとっての生きやすさ、生活のしやすさってなんだろう、というのはいつも思っています。そのあたりが、もしかしたらほかの先生方とちょっと違うかもしれないですが。

まあ、変わり者なのは間違いない（笑）。

――そういったスタンスは、ヒモトレと出会う以前からあった、と。

藤田　そうですね。やっぱり学校の先生っていうのはどうしても、子供に向かって「がんばれがんばれ」と言いたいのです。できないところ、苦手なところを克服してほしい、という思いが強くあるんですね。

まあ、それももちろん必要なことなんですが。ただ、その前にまず、今ある自分とどう向き合っていくか、自分とはいったいどういうものなのか、というのをきちんと見極める必要があるんじゃないか。まず自分自身を実感した上で、そこから、自分ができることは何なのか、というところに向かってほしいと、私はそう思っているんですよ。

がんばるだけじゃないよ、がんばらなくてもできることもあるよ。そして何より、自分らしさっていうものを見出してほしいな、そこを見つけるお手伝いをするのが、我々の一番大事な仕事だろう、と。

ついつい先生っていうのは、教えなきゃいけないとか、できるようにならなければならない、という感じになりやすいんです。でも、そればっかりだと子供たちも息がつまるでしょう。だったら、今の自分にできることを活かして、なんとか生きていける道を一緒に探していこうよ、と僕は思っているんです。

——浜島さんは今のお話、どうですか。

浜島　うーん……。まあ、僕も確かに、人と違うと言われれば、そんな気がしてきましたね、いまさらですが（笑）。人は人らしく、というか、病気とか障害の程度はあれど、できるだけ自然に、その人らしく生きられたらいいなというのは、僕も、いつも思っていることですね。

で、そのためには、何か、残されている体の機能がまだ表に出てきていない可能性があるなら、なるべくそれを活かしていきたい、と。それを、いろいろ手探りしながら、拾い上げていくような感じで治療を進めています。それで、ヒモトレを使うと、その「残されている可能性」が、とても探りやすいんです。だから、今ではどんな状態の患者さんでも、まずヒモを巻いて、それで観察する、という感じですね。

ヒモトレは「技術」ではない。技術の間をつなぐもの

小関　ヒモトレって、それ自体は、〝治療技術〟ではないんですよ。技術と技術との間をつなぐ役割なんです。

――技術ではない、と。

小関　ええ、技術そのものではない。そこを勘違いしやすいんです。例えていうなら、料理のレシピじゃなくて、料理の「味」に当たる部分。実際に食べたときに、「おいしいね」って感じる、その部分に働きかけます。レシピっていうのは、材料をこうしてこうすればこうなりますよ、っていう情報ですよね。調理のハウツー。つまり技術です。ヒモトレは、それではないんです。出来上がったものを味わって、ああおいしいとか、しょっぱい、甘い、という、そちらへの作用なんです。

あるいは音楽に例えましょうか。レシピに当たるのは、楽譜に並んだ音符ですよね。楽譜があれば、その曲を間違いなく演奏できる。今なら、コンピューターに入力するだけで、楽譜通り、正確に演奏してくれるでしょう。でも、音楽の質は、むしろ音符と音符の間、音の「隙間」の質感に左右されますよね。音符は目印というか、通過点。音楽にとっては、音符では直接示されない「隙間」こそが、とても大切です。ヒモトレは、そこを見せてくれるものです。

現代では、体の治療でも、スポーツトレーニングでも、そこで使われる「技術」のほとんどが、「腕の筋肉」「肩の筋肉」「関節の可動域」といった具合に、体をバラバラの要素に分解して、それぞれを治療したり、鍛えたり、という考え方になっているんです。技術＝ハウツーという形に落とし込むためには、要素をバラバラに捉える方がやりやすいのでしょう。

でも実際の体において、腕、肩、関節がバラバラに動くなんて、ありえないじゃないですか。実際は、関係しあって動くのが当たり前なんですけど、頭の中の捉え方がバラバラになっていると、それに引っ張られて、体の動きまでおかしくなってしまうんですよ。

その、バラバラになった点と点の間をつなぐのが、ヒモトレの役割なんです。

――なるほど。

小関 先ほどお話しした「全体性」とは、こういうことなんですよ。単なる点の総和ではない。点と点の間の質感、隙間の〝味わい〟のようなものが見えてくると、全体という感覚も浮かび上がってくるのです。そして、点と点のつながりが出てくると、個別の点の役割が最適化するんです。こんなに頑張らなくてもいいんだな、このぐらいでいいんだな、みたいになってくる。いわゆる「塩梅」がわかってくるわけですね。

――最適化。例えば、寝たきりを防ぐための高齢者のトレーニングといった状況でいうと、どうなりますか？

小関　そうですね。個別の筋力トレーニングを闇雲にがんばらなくても、このぐらいで十分歩ける、という感覚が出てきます。あるいはむしろ、がんばりすぎないほうが上手くいく、ということさえある。がんばりすぎから体が緊張して動きが悪くなる、ということも、実際にはよくあるわけで。

ヒモトレ発案者・小関勲氏（ひもトレフェス2019）

――藤田さん、今の「点と点の間をつなぐ」というお話、いかがですか？

藤田　そうですね。子供たちと関わっていくと、ついつい、いろんなところで、部位と部位でがんばらせたくなる気持ちが出てくるんです。この筋肉にもう少し力が入れば、とか、この関節がもう少し動くようになれば、といった具合に。

けれど、実際の動きを考えると、やはり体全体で見ていかないといけない。トレーニングの結果、ここの関節が動くようになりました、足も踏めるようになりました、となったとして、では、それでいきなり歩けるのか、というと、そんなに単純じゃない。それをいかにつなげるのか、というのが一番大事。それは以前から考えていました。ただ現実には、そこが一番難しいんですよ。頭で考えて、最初はここ、次はここを動かして、などとやらせても、それではつながらないんです。頭で考えすぎると、動けなくなってしまう。

我々だって本来、歩いたり座ったりするとき、次はここの筋肉に力を入れて、次はここを曲げて、なんて考えてないですよね。意識せずとも、あれ、動けたなとか、歩けたな、立てたな、と、そういうのが本来の姿。そうなるために、バラバラになったものが、意識しないところでつながってほしい。

それがヒモトレなのだろう、と思っています。

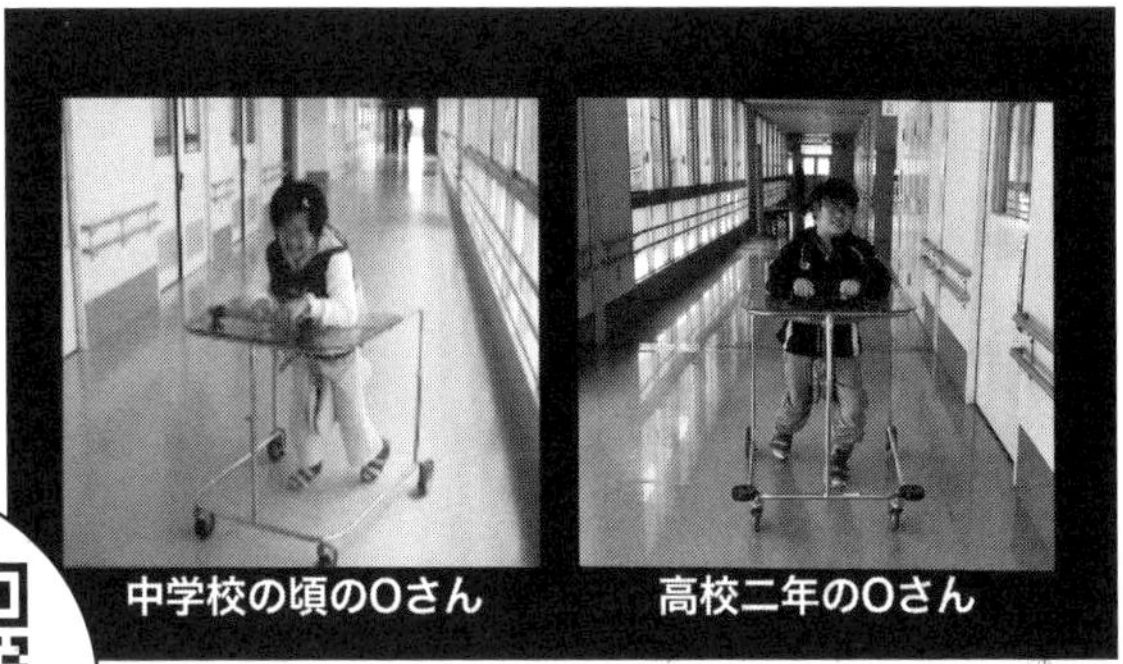

Oさんの歩行器を使った様子。右足がしっかり前に出ているのがわかります。

https://youtu.be/ims1HYhrTHo

「麻痺している側の足の方が、大きく動く」の不思議

藤田　ちょうどいい動画があるので、見ていただきましょうか。この本の中（169ページ）で紹介した女の子。電動車椅子が上手くなって、「初心者マークを外して」って言えた、あの子です。

ケース紹介の方では車椅子の話を中心にお話ししましたが、実際には、歩行器を使って、自分の足で歩く練習もやっています（上QR動画）。

中学生の頃は左の写真のような状態でした。それが、高校2年の終わり頃だと、こんなに（右写真）しっかり歩けるようになった。

一同　おお！

藤田　彼女は右半身麻痺ですから、右足が前に出てくること自体が、すごいことなんですよ。でも、きちんと両足とも踏み出してます。むしろ右のほうがよく出てるぐらい。

浜島　これを見る限りでは、どちらが麻痺側かわからないですね。

藤田　わからないです。私も、〝あれ、麻痺どっちだっけ〟て見返したぐらいです。

――手足の機能検査を個別にしたら、今でも右半身麻痺なんですか？

藤田　ええ、右は全然動かないですね。

――でも、歩くという流れになると、右足もこんなにしっかり出てくる。

藤田　そうなんです。全身のつながりで動けば、こんなふうになるんです。

――ほう。すごいものですね。

藤田　どうしても、麻痺側が動かないから、そこにばかり視点が行きがちなんです。麻痺側を治す、改善する、っていう発想になりやすい。でも、それだけじゃないんですよ。やっぱり両方で見ないといけない。動ける方といかにつないであげるか、ってことが、重要なんです。うまくつながれば、麻痺は麻痺のままで、こんなに歩けるんです。

小関　姿勢も、最初の動画と全然違いますね。中学のときはまだ、歩行器の手すりに身をもたせている感じですが、あとの方ではちゃんと自分の足で立ってますね。

藤田　この動画を撮ったのが、高2の終わり頃。2月なんですね。そして、彼女が「車椅子の初心者マークを外してほしい」って言ったのは、これを撮ったあとなんです。ここまでできるようになったっていう自信が、あの「初心者マーク外してくれ」につながったんだと思うんですよ。

うまく座れるためには、「立つ練習」をする

浜島　いや、素晴らしいですね。感動しました。

よく患者さんや家族の方と話をするんですけど、うまく座れるようにするためには、座る練習ばっかりしてもダメなんですよ。むしろ、一段階先の動きとして、立つ練習をするのがいい。立つのを練習していると、自然にうまく座れるようになるんですよ。同じように、歩き出す練習をすると、立つのが上手になる。大きく早く歩こうとしていたら、普段の歩きが上達している、といったことが、よくあります。

今がんばっているところは、それ自体は、なかなかうまくいかなかったりするんですけど、それをがんばると、その手前がすごく良くなったりするんですね。だから、「私はもう、座れればいいんです、立てなくてもいい」なんて言う人もいるんですけど、そういう人にも、練習では立ってもらうんですね。立つ練習をすれば、上手く座れるようになるので。

――それを、座るっていうところだけを切り出して、そこだけ練習しても、うまくい

かない？

浜島　そうなんです。なぜか、がんばってるところそのものよりも、そうじゃないところの方が、安定してくるんです。体の動作では、何かを意識してがんばると、かえってうまくいかないというのは、よくあることなんですよ。

座るのが難しい、立つのも難しい、というような人でも、立つ練習を通じて、意識を「立つ」ことに向けてもらうと、座る方はいつの間にかあっさりクリアできる、っていうことなんです。だからね、逆に、そんなふうにしてうまく座れた場合でも、取り立てて「今、上手に座れてますよ！すごい！」などと言わずに、しれっと、さも当たり前のようにこちらも振舞っておくのがコツです（笑）。

ヒモトレもそうなんです。「巻くとこうなる」とかはあまり言わないで、「とりあえず腰とタスキ巻いときましょうか」っていうぐらいでさっと巻いて、膝がグラグラしていたら膝にも巻いて、それでリハビリの方に意識が向くようにやっていると、結構その部分が安定するんです。

――ヒモを巻くとどうなる、とかは、言わない方がいい？

浜島　言わない方が、あらゆる意味で、スムーズですね。これはこんな効果があるって、そこを説明しちゃうと、案外ダメなんですよ。

小関　ヒモトレのポイントは、ヒモを自覚しないように使うことがとても大切なんです。「強く締めると逆効果になる」という話はいつも注意していますが、ヒモを意識することでも、同じことを呼び起こすんですね。

浜島　そうですね。効果を期待されちゃうと、うまくいかない。多分そこを意識しすぎるんでしょうね。僕の担当している患者さんは、身体機能が落ちた高齢者が中心。かつてできていたことが、もうできなくなった人なんです。立つとか歩くとかが当たり前にできていたときの感覚が今も残っているので、ちょっとぐらい回復しても、意外と本人は気がつかなかったりするんです。

――なるほど。

浜島　だから、できるようになったって喜ぶ人は、割と少ない（笑）。

――それはちょっと残念、ですか？（笑）。

浜島　いやまあ、見ていると、かえって面白いです（笑）。それに、家族なんかは、あれ、できてるわ、って気づいて、驚いていたりしますよ。

小関　何かに不自由を感じるのは、できていた頃の自分と比べてしまっているんですね。例えば、目が見えない人の中でも、生まれたときから見えない人と、途中から見えなくなった人では、受け止め方が全然違うと言いますよね。途中まで見えていた人の方が、喪失感がはるかに大きい。

あと、例えば寒い日に外に出て、ウー寒い寒いってなるのは、室内のあたたかさを記憶として持っているから、寒いと感じるんですよ。それを手放してしまえば、まあ、寒いは寒いけれど、さほど苦痛ではなくて、むしろ気持ち良かったりするんですよ。

――なるほど。それで言うと、「今の自分にはもうできないって思っているからできない」などと、思い込みに縛られて実際の動きに制限がかかる場合もありますよね。

小関　はい、それもありますね。

――今回、浜島さんと藤田さんに取材させていただく中で、機能評価上は「麻痺している」という結果になるけれど、ヒモを巻いてみたら動いた、というようなお話が、いくつもあったんですよ。この場合、体には動ける潜在能力が残っているのに、「もう動かないんだ」という観念が、自分を縛っていた、と考えられます。

小関　そうですね。つまり、昔はできたのに、という思いにとらわれることもあれば、もう動かないんだという思い込みに縛られることもある。どちらにしても、意識の作用によって、本来の体の状態から外れてしまう、ということですね。

浜島　だから、基本は、今の体に立ち返ることなんです。今の状態の体を使いこなせる運動神経を、もう一回組み立てればいいんだよ、と。患者さんにはよくそういう話をします。

　以前と全く同じように動かせないのは当然なので。今の体をうまく使いこなせるようになれば、それはそれで結構動けるものです。

「部分」を測る評価法では、全体のつながりは見えない

浜島　あとですね、例えば、手首の関節がちょっとずれた状態で固くなって、半分脱臼しているような状態になっていたとして、そういうのを、手首だけ動かしてなんとかしようとするのは難しいんです。でもそんなとき、全身をうまくつなげて動かしていくと、だんだん手首が元に戻っていく、ということがある。

で、そういうとき、僕らはその「つなげて動かす」というのを、手技として、患者さんの体に手をかけてやっていくんですけど、そのときに体にヒモを巻いておくと、ものすごく楽なんですよ。

立つ練習をするときでも、膝が内側に入ったり、外に逃げちゃったりすると、足に体重がかけられないので、そこを支えながら立つ練習をしていくんですが、そのときに、お腹や膝にヒモを巻いておくと、とりあえず膝は立つようになったりする。

以前なら、がんばって手技でやってきたことを、相当ヒモ任せられている部分はありますね。だから、今はヒモを使うようになって、かなり楽をさせてもらっているん

ですけど、ヒモがなかったらけっこう大変だっただろうなって、思いますね。

――なるほど。

浜島　それと、もう一つ。ヒモトレの効果について、医療者同士でコミュニケーションをとるときは、どうしても文字が中心になるんです。でも、文字で送ってしまうと、意外に変化が見えないんですね。ヒモありとヒモなしで比べたとき、立っていられる時間も変わらない、歩く歩数も変わらない、速度も変わらない、なんてことになってしまいがち。

だけど、動画で見せると、あ、こんなに違うんだ、ってすぐに納得するんですよ。でもそれを数字とか、文字で評価するのは、すごく難しい。

――ほお、そういうものですか。

浜島　動画で見えてくるのは、動きのスムーズさや、体のリラックス感といった、全体の雰囲気。それはつまり、全身のつながりの程度を見ているんだと思うんですよ。

そういうのって、動画で見ればすぐわかるんだけど、数値化できないんです。前まで、つながり度が40だったのが、今50になった、つながり度が10ポイントアップしました、というような評価法は、今はないですから。だから、そこを評価できない。

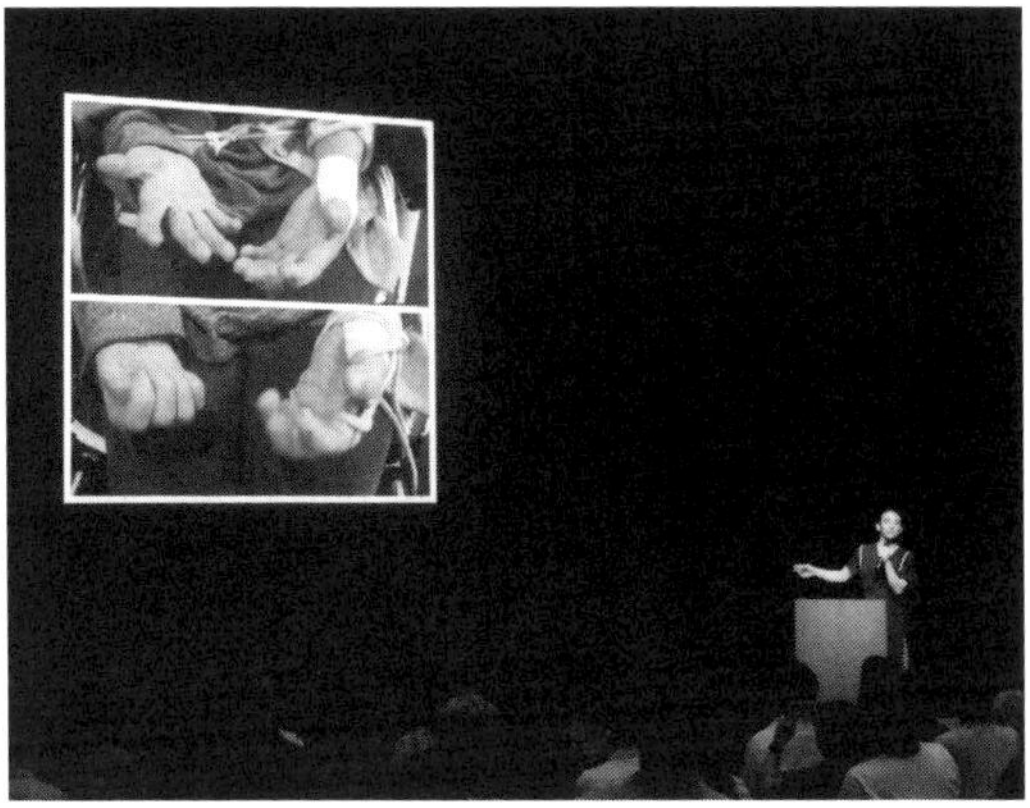
指にヒモを巻いて動きが改善された事例を示す浜島氏。(ひもトレフェス 2019)

小関 確かに、どこを見て評価するかによって、捉え方がまるっきり違ってきますからね。ヒモトレを扱うと、どうしても、全体的な視点でなければ見えない変化になってくるので、部分の機能を測る物差しでは、評価できないんです。

これは例えば、「子供の成長を評価する」っていうのとも似ています。

子供って、いつの間にかハイハイして、いつの間にか立っていた、みたいな感じで育ちますよね。それも、はい今日から急に立ちました、みたいな区切りがあるわけではなく、立ったと思ったら転び、また掴まって立ち、と行きつ戻りつしながら、いつの間にか歩いていたりする。
そういう、成長過程を見ているような感じかもしれないですね。

浜島　そうそう。行ったり来たりします。できるようになったり、ちょっと後戻りしたりしながら。これが、個別の筋肉を鍛える筋力トレーニングとかなら、変化が割と直線的で、数値での評価もしやすいんですけど。

小関　そうですね。全体的な変化の評価は、そう単純にいかないですね。で、そうなると、変化を自己検証するための基準そのものも、初めから出来上がっているわけではなくて、自身の変化とともに少しずつ定まってくるような感じになるんです。こういう感じの方がいいんだなって。前のくせに何度も戻りながらも、なんかこっちの方がいいのかな、と。そんなふうにして、だんだん調整されてくような感じ。

――そういう調整が、ヒモトレをすると、円滑に進む？

小関　そう。すると、ヒモを外してもできるとか。自分でなんとなく、感じを汲み取れるようになってくる。そうなれば、例えばコーチから何かアドバイスをされたような場面でも、人から言われたことに依存せず、自分を保ちながら、ちょっとスパイス的な感じで、助言を聞けるようになってくるんです。

人間は「意識の動物」。頭の思いが、体に影響する

藤田　さきほど浜島さんが、「高齢者は、もともとできたことができなくなった人」とおっしゃっていましたが、私が見ている肢体不自由のお子さんなどは、生まれながらに、肢体不自由なんですね。初めからそれが当たり前な状況なので、動くということ自体、意味がわからない。そういうところに動きを教えていくので、伝え方がまた違うのだろうと思っています。

ただ、生まれつきの麻痺といっても、全く動かないわけではないのですよ。動かそうとする自分の気持ち、「心」がうまく調整できないから動かないのであって、全く動

かせないわけではない。意識して動かしたことはないけれど、実は、動く余地は、体の中に備わっているのです。

どうしてそう言えるのか、と。これはヒモトレをやったからわかったということではなくて、そもそもこの分野の支援方法として、「動作法」というのがあるんです。これはもともと催眠術から来ているやり方で、手に麻痺があって動けないような方に催眠術をかけると、動くようになる、といった方法です。

こういう現象は、以前からよく知られていました。私も、ヒモトレを知る前からよく使っていましたし、今でも十分、役に立っています。

催眠術は心に働きかけるものです。それで体が動くようになるということは、骨や筋肉や神経などは、もともとある程度、動ける状態だったということです。でも情報の伝達がうまく伝わらないために、動けなくなっていた。だから、情報を、麻痺している部位に伝えてあげることができれば、動くようになるんです。

多分これは、脳梗塞のような中途障害の方でも一緒だと思います。神経の回路が閉じてしまっているのを、つなげてあげると、また動くようになる、そういう意味では同じでしょう。

ただ、「つなげる」といっても、今まではなかなか、うまいやり方がなかった。すると、どうしても体の部分部分にこだわってしまって、例えば「可動域が狭くなった部分を広げていこう」とか、「ここに力が入ると良いな」とか、そういう方向に行きがちだった。あるいは、まずここを動かして、こっちは緩めて、といった具合に、動きを説明して練習させる、というやり方もありましたが、そんなふうに説明を重ねるほど、やることがどんどん難しくなってしまって、されてる方も、受けてる方も、ついつい考え込んでしまう。

——この手はどうやって動くんだろうか？　とか。

藤田　そう。私が見ているような、生まれたときから動かなかった子供なら、動かないのが当たり前。動かせ、といってもやり方がわからない。

一方、途中で動かなくなった人は、なんで前のように動いてくれないんだろうっていうところで、余計な想いが入ってしまう。それで、さらに動けなくなる。いずれにしても、この一番難しい「動きをつなげる」という部分を、ヒモトレがやってくれるんですよ。

我々にとっては、一番難しい、悩むところを、ヒモがつなげてくれるなっていうのは、実感としてありますね。

――なるほど。すごいですね。

小関　ヒモトレは、むしろ催眠を外している、という感じがしますよね。

――動かない、って思っている方が、むしろ催眠だった？

小関　そうそう。

浜島　そうなんです。ヒモトレって暗示じゃないんですか？　って聞かれることがあるんですよ。そんなとき、僕は「むしろ、暗示を外してるんです」って話しています。

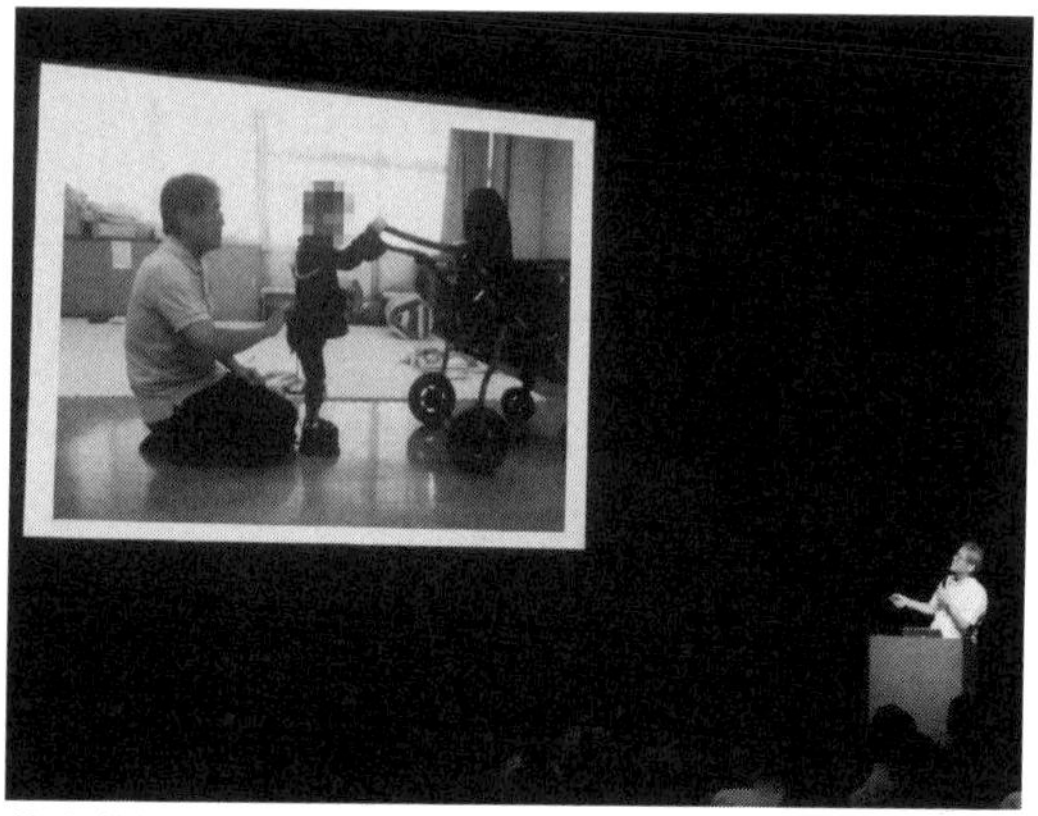
養護学校での事例をスライドを使って説明する藤田氏。（ひもトレフェス2019）

小関　やっぱり人間って、意識動物なんです。意識の動物。意識の働きによって、ほかの動物にはできないことができるという面がある一方で、意識が、体の機能を制限してしまう、ということも起きているんです。先ほど藤田さんが言われた、「なんで動かないんだという余計な想い」などは、その典型例。

で、ヒモトレは、ヒモをゆるゆるに巻くので、体に伝わる刺激が、意識では気づかないほど弱いんですよ。皮膚の触覚センサーは刺激をキャッチするけれど、意識のレベルには上らない。ヒモを巻いたことを忘れるぐらいの、微弱なシグナル。すると、意識が余計な働きをしないから、体が勝手に一つにまとまってくれる。たぶん、そういうことが起きているんですね。

だって、一般的な感覚で言ったら、上半身にヒモをかけているのに足が動くようになるなんて、おかしな話じゃないですか。

——そうですね、普通、医療における治療では、悪い部位を特定して、そこに何か処置して、治す、と。

小関　ですよね。でもヒモトレでは、タスキをしたら足が動くようになった、とか、そういうことがいくらでも起きる。そういう経験を通じて、僕らは、体が一つであることを、体感的にわかっていくわけです。

で、そういう体感を自分の中に持っていれば、浜島さんや藤田さんの取り組みの話を聞いたときに、ああこういうことなんですね、と、頭の理解も腑に落ちてくる。最初に話した、食べ物の例え話でいうなら、おいしいなーっていう実感があって、その上で、レシピどうなってるのかな、という捉え方になるんですよ。

僕らは意識動物なので、どうしても、レシピどうなってるのっていうのが先に立ちやすい。とりわけ、医療とか介護、教育といった分野で専門的に活動している人はそうなりがちです。頭が痛ければ頭にヒモを巻いて、腰が痛ければ腰に巻いて、と、ハウツーに落とし込みたくなる。それは、ヒモトレを「技術」として捉える発想なんです。まあ、それでも役に立つ部分はありますから、否定はしませんけれど、そこに終始している限り、「おいしいなー」にはなかなか到達しないんですよ。

——ああ、なるほど。

小関　藤田さんは、もともとご自身の体感を通して子供たちを見ているので、自然にそういう捉え方になっていたんだと思います。浜島さんもそうです。ですから、医療系や教育系の専門職の方などで、何かの機会でヒモトレに接して感動してくれて、「これを私の職場でも応用したいんです」と言ってこられる方はたくさんいらっしゃるのですが、私はそういうとき、まず自分で使ってくださいって、お話しするんですよ。

――仕事にどう取り入れるかと考える前に、まず自分で体感してください、と。

小関　そうです。体感は、今の自分の知識や理解を超えます。そこに、ヒモトレの理解が現れてくるのです。

――そういえば、藤田さんが、ご自身の学校でヒモトレを導入されたときは、まずご自分でタスキをつけられたんでしたね。

小関　そうそう、いきなり子供たちに使うのではなく、まずご自分が、職場で赤いタスキを身につけたんですよね。それを見た周囲の先生や親御さんたちが、「それ、何ですか？」と聞いてきたら、「これをつけると体の調子が良いんですよ」とか言って、皆さんにヒモトレを勧めた。そうやって、ヒモトレを使う人が周囲に増えていったら、やがて子供たちにもすんなり導入できたという。

あのエピソードは、ヒモトレ導入のためのうまいやり方、といった形で紹介されることが多いですけど、それだけじゃない。むしろ、藤田さんがまず体感されたことに大きな意味があったと思うのです。

――なるほど。

小関　そして、自分の体感で捉えていれば、例えば、状況に合わせてちょっと応用的な使い方をしたり、新しいヒモの巻き方を自分で考えたり、ということも、自然にできるんです。

例えば浜島さんは、要介護状態の高齢者にヒモトレを使っていく中で、施設の職員などから、ヒモが首などに巻き付いたら危ないんじゃないか、と言われたそうです。実例があるわけじゃないですよ。でも現場では、目の届かないところで首に絡んだら困る、という不安を抱く人がいた、ということですね。

それで、じゃあ、頭が入らないくらい小さな輪っかにしたらどうか、ということで、いま浜島さんは直径10センチぐらいの小さな輪っかを使って、ヒモトレエクササイズをやっている。こんなのも、やっぱり浜島さんの体感から生まれたことだと思うんです。おそらく、「小さくてもできそうだよな」と、感覚的にピンときたわけですよね。

こういったことを踏まえて、皆さんに「まず自分で体感して」とお話ししているわけです。ヒモトレってこういうことなのか、という感覚を自分の体で掴んでいけば、「何か応用法を教えてください」じゃなくて、「こんなふうにやれるんじゃないか」というのが出てくると思うんですよ。

これは専門家以外の方も一緒です。例えば、いま親御さんを介護している、という人だったら、親御さんにヒモトレをする前に、まず自分でやってみる。障害を持っているお子さんの親御さんなら、いきなり子供に使いたい、じゃなくて、まず自分が使ってみる。そこで体感したことを通じて、親御さんに対する接し方、子供たちに対する接し方に、何か変化が出てくるかもしれない。そういうこと自体に、大きな意味があると思うんですよ。

新しいヒモトレのやり方、今試しています

藤田　ちょうど話がいい流れになってきたので（笑）、一つ紹介したいものがあるんですけれど、いいですか。ちょっと、新たな面白い巻き方を見つけたんですよ。今自分が実証実験中なんですけど（笑）。

小関　ほらね、こういうのが出てくるんですよ（笑）。

藤田　これ、ちっちゃい輪っかです。浜島さんお得意の。これを、耳に、かぶせるんですよ。両方の耳にね。

一同　あー。

藤田　最近、子供たちの体の緊張を緩めるときに、耳の後ろを緩めると良いって気づいたんですよ。耳の裏側、付け根あたりの緊張が強いんです。そこの緊張を取ってあ

げると、全身が緩んで、そのあとのいろいろな指導もやりやすい。それで自分自身も、ちょっと調子が悪くなったときに、耳周りの硬さを左右で比べてみたら、片側の付け根が硬くなっていたりするんですよ。調子が悪い方の側が、硬くなる。で、それを自分で揉んで緩めてあげたら、楽になって。でも、毎回こうやってほぐすのもちょっと大変だな、と思ったので、〝ここにヒモをかけてみたらどうかな〟と。数日前から始めて、どういう変化が起きるんかなぁ、と、今観察しているところなんですよ。

そしたらね、頭皮がね、この正面あたり、ちょっと髪が薄くなりかけてるあたりですが、ここの頭皮が硬かったんですけど、それが緩んで、動くようになってきたんですよ。

最近藤田氏が見つけた“耳ヒモ”。毛糸で作った小さな輪っかを耳にかけると、頭の緊張が抜けやすくなります。

――えっ！　耳につけるだけで？

藤田　ええ、耳です。そうしたら、この辺の薄いところに、毛も生えてくるんじゃないかと。

一同　おおー（笑）。

藤田　それで、次に皆さんと会ったときに、あれ、髪の毛変わったよね、って言われるぐらいになったら面白いなって思って（笑）。

耳ひっぱり健康法って、ありますよね。

——ええ。

小関　あれ、原理としてはとてもいい方法だと思いますけど、やっぱり、強く引っ張りすぎる人が多いですよね。

藤田　そう、けっこう引っ張りすぎるんですよね。

小関　そうすると、逆に過緊張しますよね。

藤田 そうなんです。それで、引っ張る加減を伝えるのが難しいなと思っていたんですが、ヒモならやりやすいかな、と。

浜島 ……あのですね、耳、僕も最近、やってるんですよ。患者さんに。

一同 えー(笑)。

浜島 まさかのシンクロですね。藤田さんのと一緒です。こういう小さい輪っかを使うんです。

藤田 いかがですか? 患者さんの様子は。

浜島 もともとすごく不安の強い患者さんなんです。不安を鎮めるのに、仰向けになってもらって、おでこにそっと手を置いたり、仰向けで、首から上にそっと触れたり、といった具合で、10分ぐらいかけて落ち着くのを待ってたりしてたんですね。で、耳を引っ張るといいかも、とも思ったんですけど、耳って敏感なところなので、意外と、人に触られると緊張する人もいるんです。なので、この方にはちょっと難しいかな、と。それで、この小さな輪っかを引っ掛けてみようって。もちろん、へそ巻きはしています。それに加えて耳に小さな輪っかをつける。そうしたら、それを始めてから、仰向けでそんなに時間をかけなくても落ち着くようになってきたんですよ。

小関　ほう。

浜島　それで、もともとすごく不安が強い人なんですけど、この新型コロナ騒動の中で、全然興味がなくて、けろっとしていて（笑）。以前なら、こんな騒動になったら大変なことになっていたと思うんですけど。

ヒモトレと一緒に取り組みたい、「ゴム紐症候群」の対策

――この鼎談を行なっているのは、ちょうど新型コロナウイルスの感染拡大による緊

急事態宣言が出ている真っ只中です（2020年5月3日）。外出の自粛要請が出て、学校も3月からずっと休校が続いています。藤田さんの学校のお子さんたちも家にいるのだと思いますが、どんな状況なのでしょう？

藤田　4月に入ってすぐ、始業式があったので、みんなその日だけ登校しました。それから、つい先週も1日、登校日があった。そのとき、子供たちの体の様子をざっとチェックしましたが、やはりとても緊張が強く、ほとんどの子の体が、ガチガチに硬くなっていました。通常の夏休み、冬休みなども、しばらく学校に来ないですから、その間に体を動かせなくて、体の機能が落ちてしまうということが、これまでにもよくありました。

でも今回は、単に出歩いていないだけではない。外に一歩も出られない。コロナで精神的にも窮屈な状態で、そこから来る体の硬さは、ちょっと尋常じゃない感じでした。

ただでさえ呼吸が苦手な子供が多いのに、この状況ですから、本当に息が浅くなっていて、ズシッと重硬い感じ。これはちょっとやそっとじゃほぐれないな、大変だな、と感じました。

小関　多分、周りの大人とか、テレビからの情報とか、そういう影響も大きいでしょうね。周りにいる人の息が浅くなれば、そこにいる子たちも、息が浅くなる。あと、今は皆さん、マスクをしてるので、その影響でも呼吸が浅くなっていると思います。私の周囲でも、体が固まって呼吸が浅くなっている人が多いですね。

ほんの10分か15分、胸やお腹にヒモを巻いておくと、浅かった呼吸が楽になりますから、ぜひ多くの方に試していただきたいです。寝るときに巻くのもいいです（やり方は２４３ページから）。

藤田　それで、その短時間だけ登校したときに、この短い時間で大勢の子たちにできることはないかと考えて、耳と側頭部を集中的にほぐしたら、だいぶ改善されたんですよ。そこから、先ほどの耳ヒモのアイデアが出てきたんです。

小関　なるほど。耳は、マスクのゴムでぐっと締め付けられる部位なので、余計に緊張するでしょうね。

藤田　そうなんです。マスクのゴムが当たるところなので。相当みんな、硬くなっています。やっぱりゴムで締め付けるのは、全身に影響が出てしまうんだな、と。

小関　それは、ありますね。

浜島　ゴムの締め付けは、本当にダメですね。1977年に、高知県の医師、見元良平先生が、『健康であるために　～ゴム紐症候群について』という本を出版し、ゴム紐で体を締め付けることは体に広範な悪影響を及ぼす、と警鐘を鳴らしています。圧に対する局所の反応にとどまらず、神経痛や皮膚炎、アレルギーなど、さまざまな全身性の病気が、ゴム紐のような伸縮性があるものの締め付けによって引き起こされる、というのです。

この説を知ってから、僕も注意して患者さんを診るようにしているんですけど、そうしたら実際、下着や靴下などの締め付けによって、さまざまな症状が起きているという感触を得ています。

最も多いのは、下着のゴムによるお腹の締め付けです。今は、ほとんどの人が、ウエストにゴムの入った下着やストッキングを日常的に身につけていますよね。これを外すか、せめて骨盤の高さまで下げて圧迫を軽くするだけで、実に多くの不調が改善

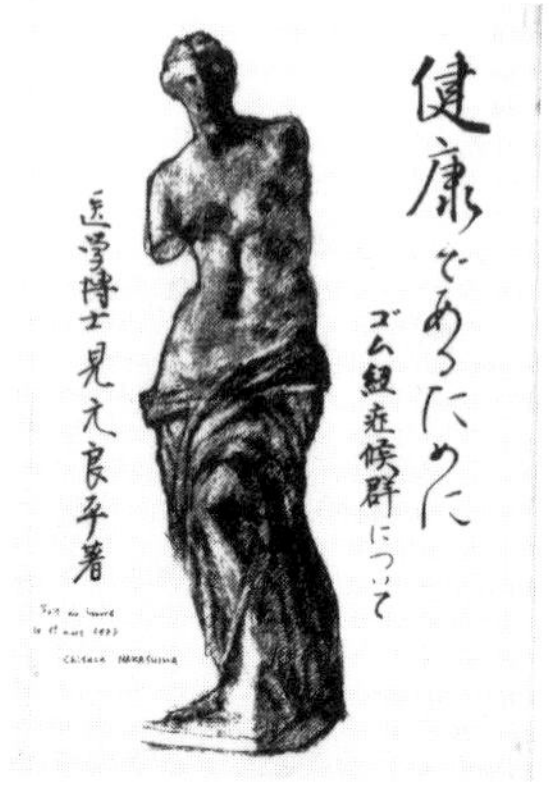

『健康であるために
〜ゴム紐症候群について』
（見元良平著）※

するんですよ。

また、冷え性の人などでは、タイツや靴下を重ね履きしているパターンもよく見かけます。実は、重ねれば重ねるほど、冷え症状は強まります。全部外してもらうと、冷えていた足先や指先がすぐにポカポカしてきた、などということも、よく起きますよ。

ゴム入りの衣類が日本で普及したのは昭和30年代ですが、それと歩調を合わせるように、アレルギーや精神不安など、それまであまり一般的ではなかった病気が増えているのです。そのあたりから見元先生は、ゴムによる締め付けの広範な悪影響を疑い始めたようです。

小関　ヒモトレはヒモをゆるく巻くことで体の整いを体感して行きますが、少しでも締めてしまうと、逆に体に力が入らなくなったり、バランスが崩れたりします。ゴム紐の収縮による締め付けも一緒です。その刺激が長く続くことで、歪んだ状態が慢性化する。これがゴム紐症候群で指摘しているところかと思います。

※本書は少部数のみで発行された私家版で絶版状態であるため、現在入手は困難です。お問い合わせなどはご遠慮ください。

　不思議なことに、ヒモトレを日常的に使っていると、ゴムの締め付けに対する違和感、自覚が出てきて、自ら距離を取るようになっていきます。

浜島　そうですね。ヒモトレとゴム紐症候群は裏表の関係。ヒモトレをやるなら、一緒にぜひ〝脱ゴム〟もやってほしいと思います

　甲野先生は「ゴム紐を身につけたまま健康に良いことをするのはブレーキを踏みながらアクセルを踏むようなものだ」と表現しました。就寝時であれば脱ぐだけで済むので、試しやすいと思います。

ヒモトレは「結界」。自分らしい在り方に戻る

小関　ところで、最近、〝ヒモトレ結界論〟っていうのがあるんですよ。

浜島　何ですかそれは（笑）。

小関　ヒモトレって結界ですよねって、いろんな人からよく言われるんです。

それで、ちょっと調べてみたんです、結界ってどういう意味なのかと思って。仏教関係者の方に聞いたりして。それでわかったのは……結界って、一般には、何か邪悪なものが入らないようにバリアみたいな防御線を引く、といったイメージだと思うんですが、本来は、そういうことじゃないらしいんですよ。

本質的には、「自分の居場所」ということなんです。

自分らしく居る。その場が結界。

確かにヒモトレは、巻くことによって、自分のポジションというか、自分らしい「あり方」を、体に教えているわけです。どこか緊張していたり、どこか抜けたりすると、自分の本来のポジションから、若干ずれてしまうわけですけど、ヒモを巻くことによって、等身大のフォルムを体感して、本来の位置に立ち返る。

そういう意味では、自分の居場所を作るっていうことで、なるほどこれは結界と言っていいかもしれない、と思ったわけです。

――本来的な意味での、結界。

小関　はい。だから、先ほど浜島さんが紹介してくれたように、ヒモトレで不安がなくなったとか、そういうことが起きるのも不思議ではない。もちろん、不安や恐怖といった感覚は、すべて消す必要はありません。むしろそれは、危機的な状況で身体能力を引き出すために有効に働いたりします。ただ、それが過剰になると、動けなくなったりするだけなんです。

それが、ヒモトレによって機能的な体を取り戻すことで、不安なども適正なレンジに引き戻される。厳密に言えば、「不安の適正化」ですね。

――なるほど。ということは、不安や恐怖が必要以上に強くなっているときは、外界との境界線をむしろガチガチに固めて、自分を周りから切り離そうとしているわけですね。

小関　ええ、そうですね。

――本来、生き物の体における体内と外界の境界線、皮膚や粘膜のような組織ですけれど、こういった組織は、内と外を区切るバリア機能だけではなく、エネルギーの出入りとか、センサー、情報交換といった、内と外のやり取りをする働きも担っているわけです。でも、ガチガチに固めると、そっちの機能が落ちてしまう、と。

小関　はい、そういうことです。で、それが本来の働きを取り戻すことによって、体全体も、本来のあり方へ戻っていく、と。

昔から、道辻や集落の境目に、よく道祖神《どうそじん》と呼ばれる石像の神様が祀ってあります。これ、そもそも「境」というものが神様と関係する、という考え方が、古くからあるようなんですね。境、間、空間、切れ目……。こういったところに人智を超えたものがあると、昔の人は知っていたのかもしれません。

人間と外界を隔てる境目は皮膚ですが、そこにヒモを巻くことで、「境」の本来の機能を活性化する。すると、体のいろいろな機能が現れてくる。これがヒモトレの原理ですよね。

人類の被服の起源として、布を纏う衣類の前に、まずヒモを巻いていたことが、数万年前の遺跡に描かれています。そこから想像するに……ヒモを巻くことによって、大いなる自然との「境」が浮かび上がり、人間という自己が生まれたのではないか、などと思うわけです。そして、そんなふうに「境」を重視するところから、身体と精神のさまざまな働きが現れて、人は文明を築くまでになったのではないか、と思っています。

――おお。壮大なお話になりましたね。そのあたりは、「境」という観念をどのようなものとして捉えるか、ということとも関わってくるでしょうか。現代において「境」＝境界線という言葉は、それ自体がもう「遮断するもの」という意味に重きを置いているように思えます。でも、その捉え方自体が、すでに偏っているかもしれないですね。

小関　そうそう。そもそも日本の文化って、例えば「里山」などというものに見られるように、境界をうまーくぼやかして、いろいろな営みをうまいことつなげて、回してきたようなところがあったと思うんですよ。人が住むところと動物が住むところが、はっきり区別できないような形で、うまく成り立っていたわけですね。

――それぐらいのぼんやりした境目になっていたほうが、体も調子がいいのでは、と。

小関　そうなんです。それを、ここから腕、ここから足、などとやってしまったから、どんどん体がばらけて、動きにくくなってしまったのではないか、と。
その「境」を、いい塩梅につなげていく役割が、ヒモトレなんですね。

――なるほど。

小関　さらにいうと、「境」は、僕らの思考の中でも重要な意味を持っています。例えば、藤田さんの学校の子供たち。「半身麻痺という障害がある子」などとみなされるわけですけれど、これって、体のあり方として、僕らとどう違うのか。どこに境目があるのか、ということなんです。
持っている体は、同じ人間の体です。一部、動かしにくいところがあるわけですけれど、それは僕らも一緒。体のクセとか、アンバランスなところは誰にでもあります。そして、よく動くところばっかり一生懸命使ってなんとかしようとしがちなのも、一緒です。

――いかがですか、藤田さん。

藤田　全くおっしゃる通りです。我々だって、自分の体が全部自由に動くか、って言われたら、そうじゃないですよね。体には右利き左利きのような左右差があります。得意な方ばかり使っているから、当然体がねじれてくるし、ゆがみもある。痛みも出てくるだろう、と。

その意味において、肢体不自由って言われている子供たちと、一緒なんですよ。ただそれが、見た目でパッとわかるほど出てしまっているのと、実は左右差とかがあるのに気がついていない、というその程度の違いであって、根本的には何も変わらないと思っています。

小関　医学的な定義としての境界線、診断基準と言われるようなものは何かしらあると思いますが、それは、僕らの思考が便宜上、区切りを入れているのであって、つまりは「程度の差」の途中に引いた、人為的な線です。その線を境に、何かがガチャっと切り替わるわけじゃない。本質的には同じ体、同じ人間ですよね。そういう視点、つまり、「境」をどういうものとして捉えるかによっても、いろんな取り組み方が根底から変わると思うんです。

ヒモトレを体験することによって、体の全体性とか、バランスの塩梅とか、そういったものが体感され、自分の中で腑に落ちていくにつれて、「境」というものの捉え方も変わっていくのですよ。

そうなれば、世界の見え方や、人との接し方もまた、それまでと全然違ってくるでしょう。そのあたりにも、介護や養護の世界にヒモトレを取り入れていく、とても大切な意味があるだろうと、私は思っています。

――皆さん、ありがとうございました。

第4章

実践編・ヒモトレをやってみよう!

ここでは本書で登場したヒモトレを中心に、
ベーシックなものをご紹介します。
どれも簡単で、すぐに試せるものですので、
ぜひお試しください。

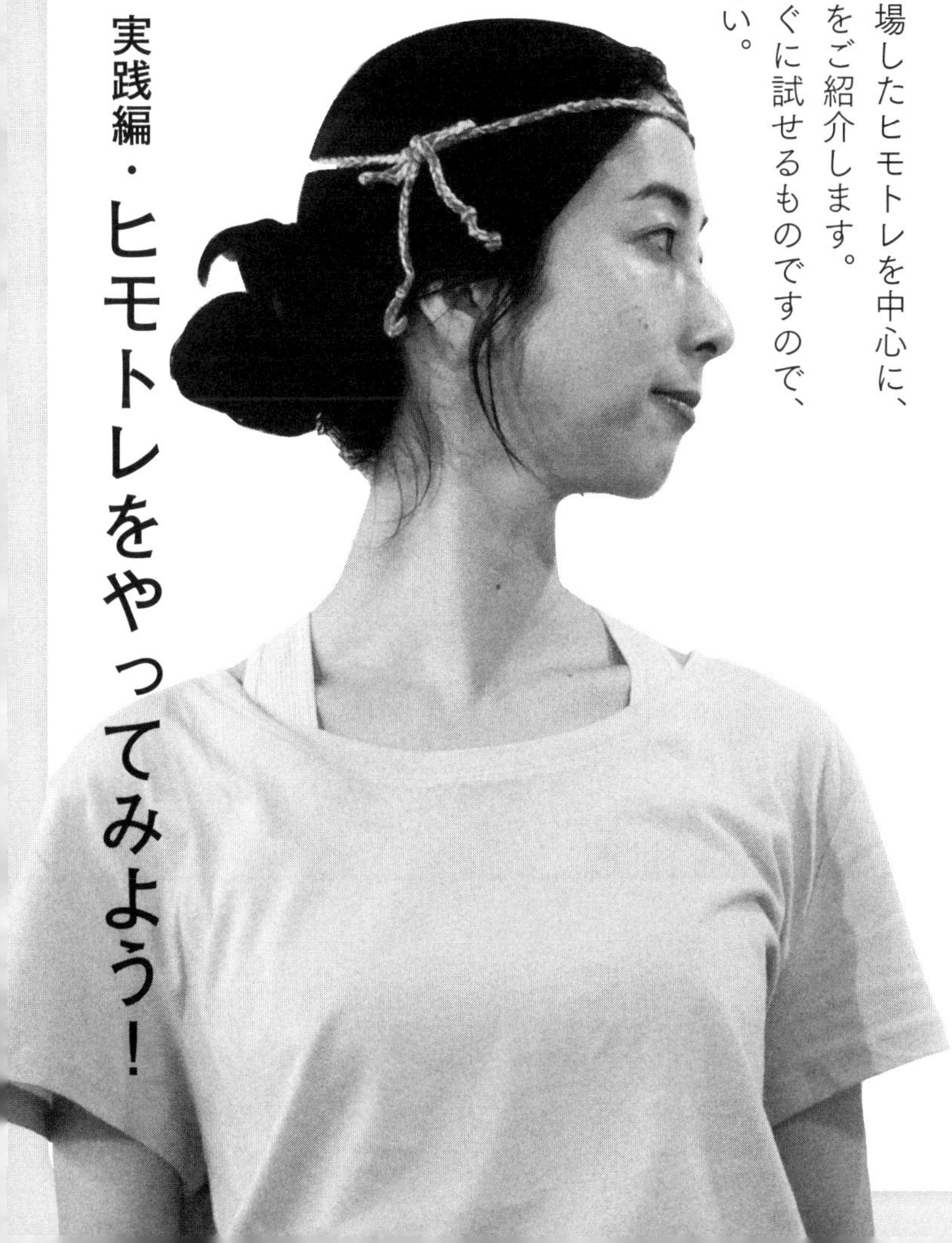

ヒモは１００均のものでもＯＫ！

ヒモトレで使うヒモは、

丸紐
直径４~８ミリほど
少し伸縮性がある
長さ１・５~２メートルほど

であれば、１００円均一のお店で売っているアクリルのヒモでもＯＫです。
頭や耳に掛けるものは軽い毛糸でも大丈夫です。

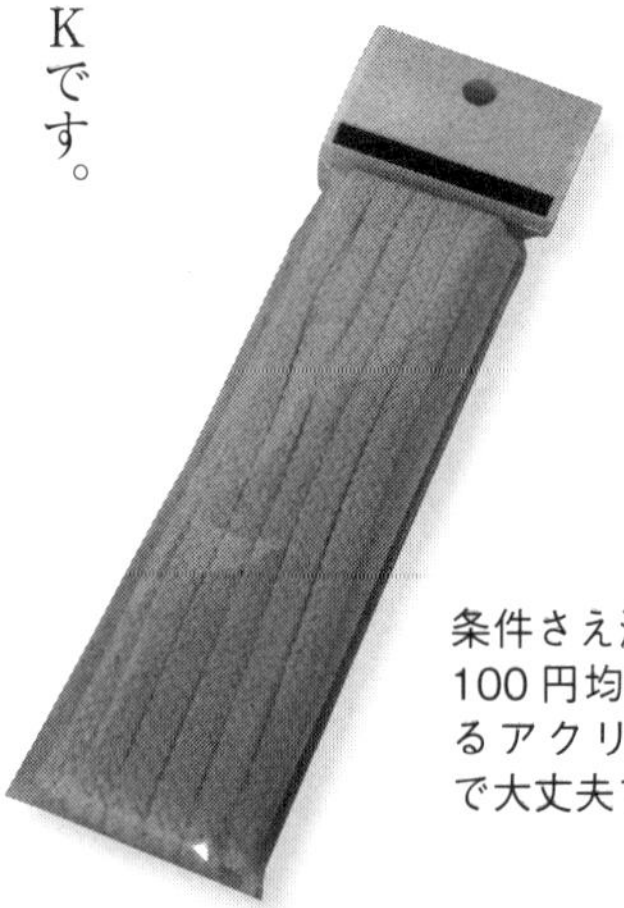

条件さえ満たしていれば、100円均一のお店で買えるアクリルヒモ（丸紐）で大丈夫です。

逆にヒモトレに向かないのは、

平紐や皮紐、ゴム紐、
ロープやザイル

などです。平紐は変化に乏しく、ヒモトレの働きが持続しません。

特にゴム紐や皮紐の強弱（伸縮具合）、ロープやザイルの硬さなどは、それぞれヒモトレに適しません。むしろ逆効果・悪影響となる可能性がありますので、必ず避けるように注意してください。

本書では特に記載がない場合は、アクリル製の丸紐を使っています。

毛糸と毛糸で編んだはち巻き

アクリルヒモ（丸紐）

ヒモトレ用の公式ヒモもあります。
詳しくは146ページをご覧ください。

〝ヒモを巻く〟と〝ヒモに任せて動く〟

ヒモトレは大きく分けて「ヒモを巻く」と、「ヒモに任せて動く」の二つの使い方があります。

一つ目の「ヒモを巻く」は、頭や体、足や手などにゆるく巻いて過ごすだけなので、本書に登場する介護や養護学校などでも多く活用されています。

基本的には丸紐をゆるく巻くだけで、本人の感覚としては「こんなにゆるくて大丈夫？」くらいです。ゆるさの加減は人それぞれですが、介助する場合は自分のゆるさを相手に押し付けることはしないようにしてください。つけている感覚がないくらいで丁度良いでしょう。使っているうちに、着崩れならぬ〝ヒモ崩れ〟をすることもありますが、それはまた整えて巻き直せば良いだけです。実はこの手間が体をリセットする大切な作業でもあるのです。

二つ目の「ヒモに任せて動く」は、輪にしたヒモに手足を預けたり、カラダを動かしたりします。これは自分から主体的に運動し、カラダのつながりや伸びやかさ気持ち良さを感じてもらうためのものです。

力みが強い人（緊張型）には適度なリラックスが、逆にゆるみ過ぎの人（脱力型）には、適度なつながり（機能性）が生まれます。このことが、過不足ないカラダを知る手がかりになるのです。ヒモの張り方は256ページの「下から上へあげる」の動画で説明していますので、こちらを参考にしてください。

この二つに共通していることは、本来備わっている機能的なカラダを体感することにあります。どちらもヒモがガイドとしての大きな役割を担っていますが、同時にヒモを感じないくらいのスタンスで使うことが大切なポイントです。

もちろん、ヒモをつけないことも選択肢の一つであることは忘れないでください。

ヒモトレ自体は悪影響を及ぼす心配はありませんが、特に要介護者の方にご活用いただく際は、例えば、転倒や何かに引っかけてしまうなどの、不測の事態も想定されますので、付き添いの方には、十分注意していただければと思います。

一番大事なのは、

ヒモはゆるく巻くこと

共通事項　特に指示がない場合は丸紐を使います。細かい位置や塩梅は各個人で違います。微調整は各自で行なってください。

結び方はちょうちょう結びで大丈夫です。

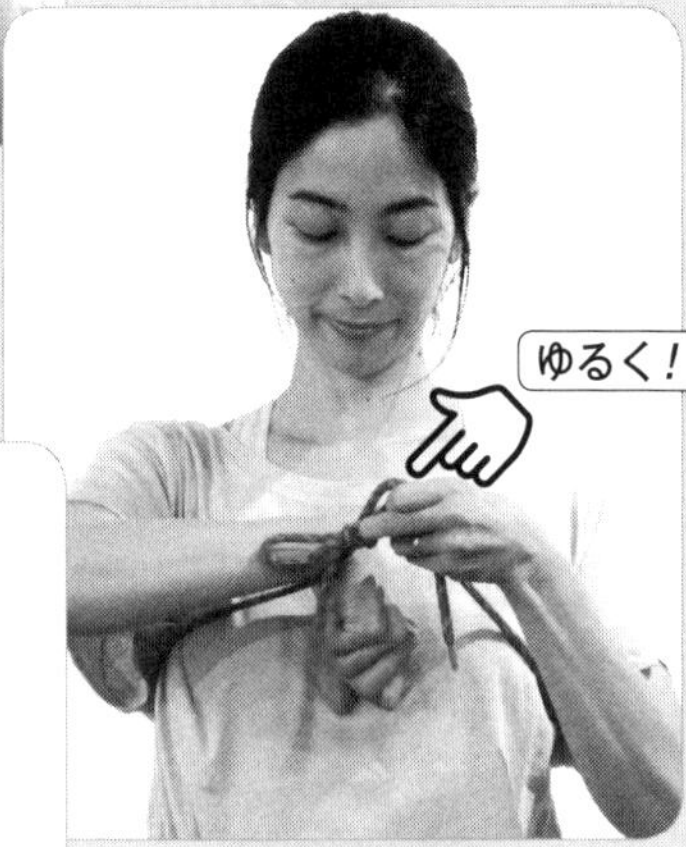

胸巻きの場合は、拳が1～2個入るくらいでOK。

へそ巻きでもこの余裕です。（ウエスト・おへそ付近）

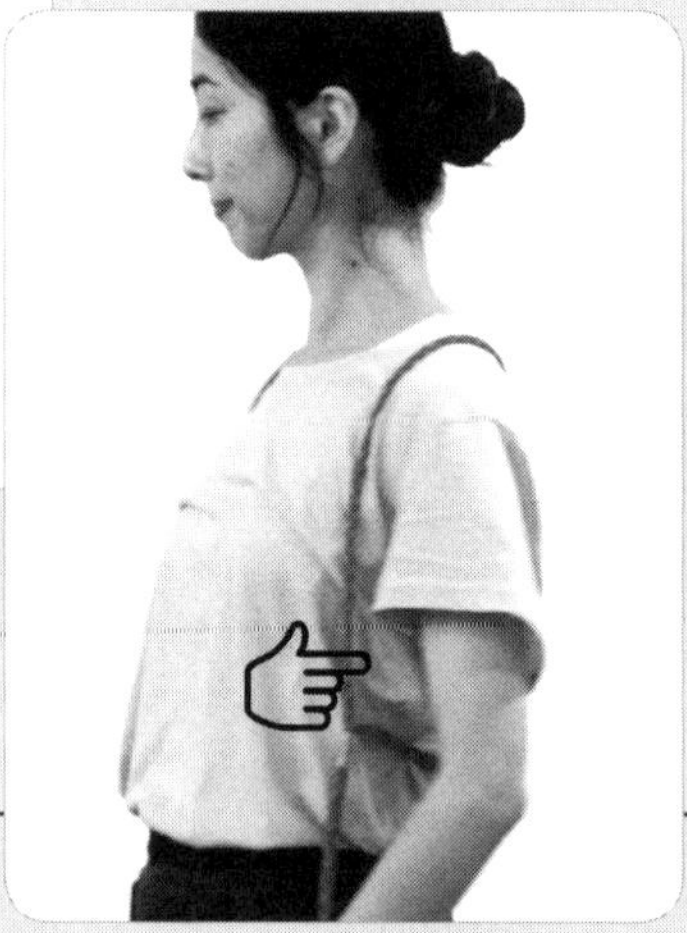

タスキのときの脇の下も十分余裕があります。

https://youtu.be/8BKijTSGrYM

脇の下に10～20センチくらい空くようにゆるく巻きます。カラダの厚みが生まれ姿勢が整います。

● タスキ

【長さ 1.5m ～ 2.5m】

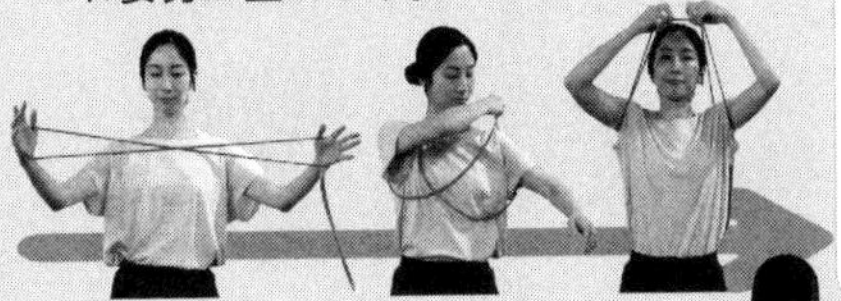

タスキ・前後タスキの背中側

肩甲骨の中間か下部付近にクロスがきます。

https://youtu.be/K8tgaIB6RI4

立つ、しゃがむなど高低差のある動きの違いを感じやすいです。

● 前後タスキ

【長さ 2m ～ 3.5m】

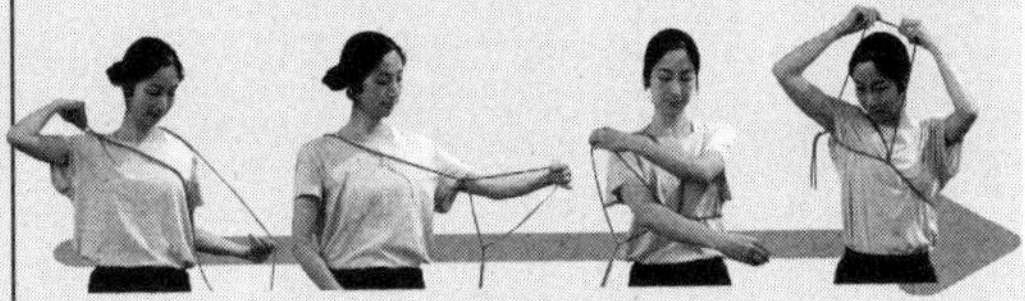

https://youtu.be/c98bUOMRWSs

つけると、運動量が多いとき、疲れ具合や回復具合に違いを感じます。

● 四方タスキ

【長さ 3.5M ～ 4.5M】

左右の脇の下でもクロスになっています。

四方タスキの背中側

四方タスキは四方のクロスに加えて、お腹にヒモが巻かれています。

QRコードをスマートフォンや対応する携帯で読むと、巻き方を解説した動画が再生されます。

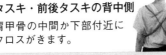

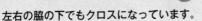

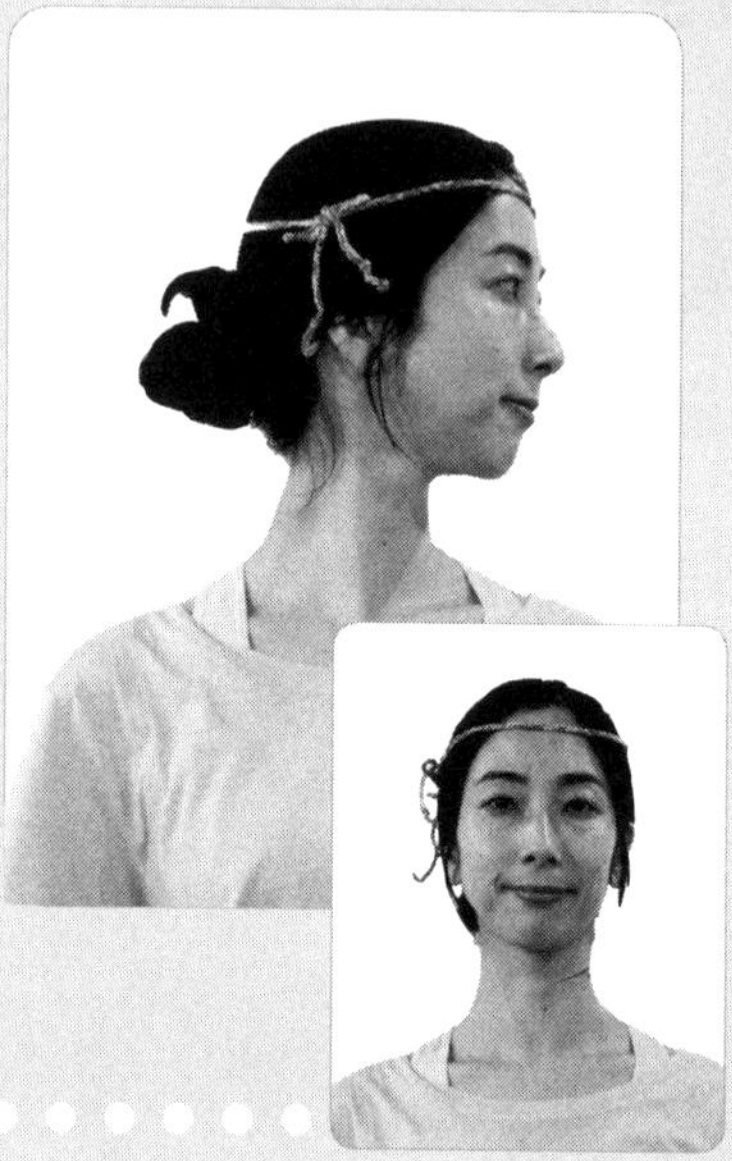

はち巻き

https://youtu.be/ssJUL9wvNw4

なるべく軽いヒモ（編み紐なども OK）を使います。

上からフワッと乗せるように置くようにします。運動会のはち巻きのようにギュっと締め付けるのは NG。頭の位置が整い、視覚、聴覚、味覚、嗅覚、首周りなどの変化を感じやすいです。

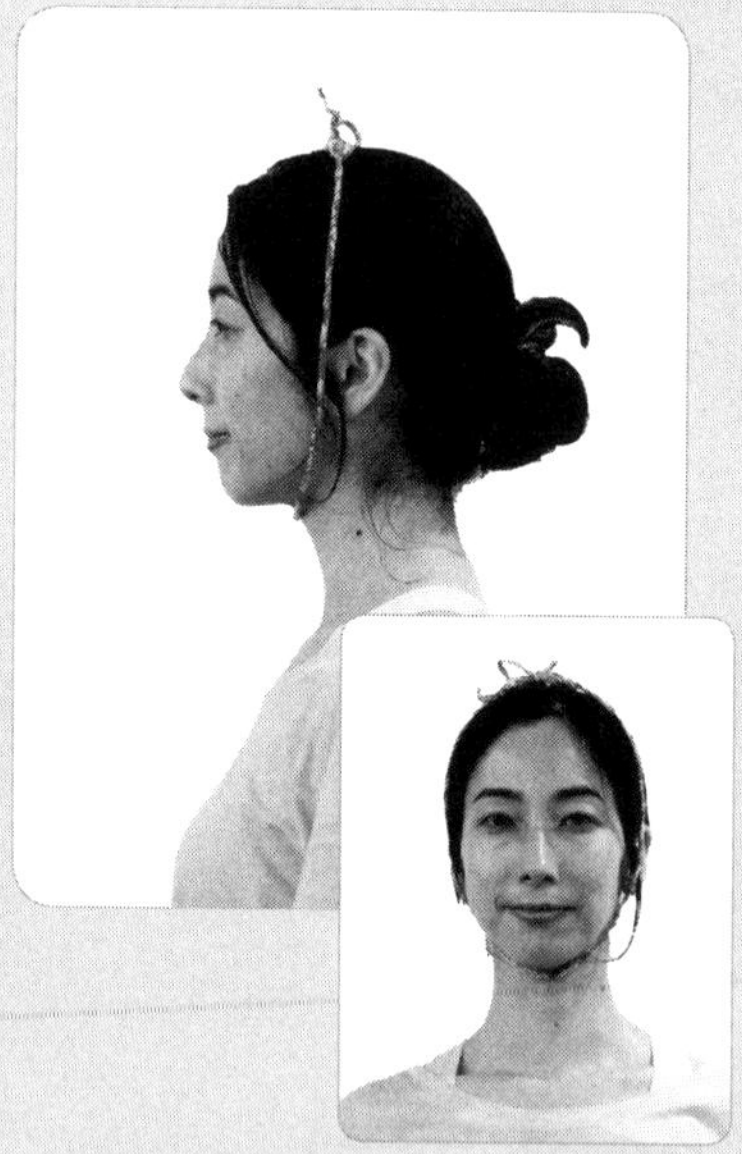

えぼし巻き

https://youtu.be/ey5Y6iGpY-E

丸紐・編み紐で行ないます。
頭のてっぺんから耳の前を通してゆるく巻きます。
顎周りの環境が整います。嚥下（飲み込み）の変化を感じやすいです。

胸巻き

https://youtu.be/VTWnmgmiMxA

脇の下からあばら骨の範囲でゆるく巻きます。呼吸の変化を感じやすいです。

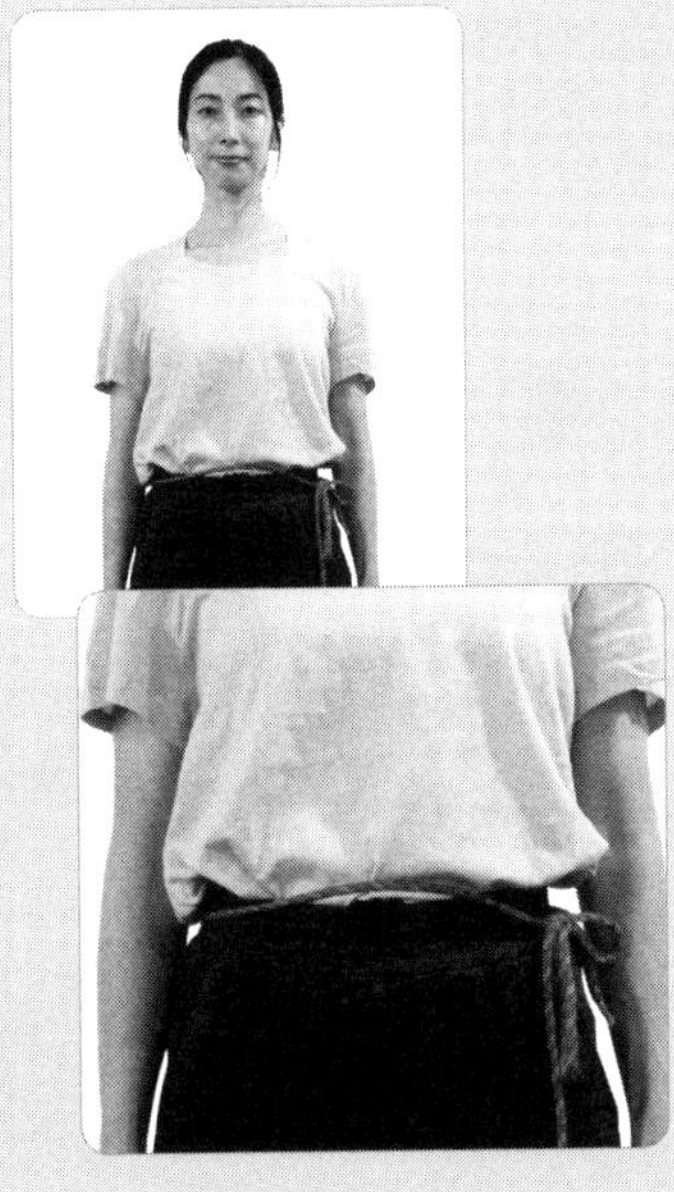

へそ巻き
（ウエスト巻き）

https://youtu.be/moQosT0AoEM

おへそ、もしくはウエストにゆるく巻きます。体がまとまりやすいため、全般的に動きの違いを感じやすいです。※ベーシックな巻き方なので、まずはこちらをお試しください。

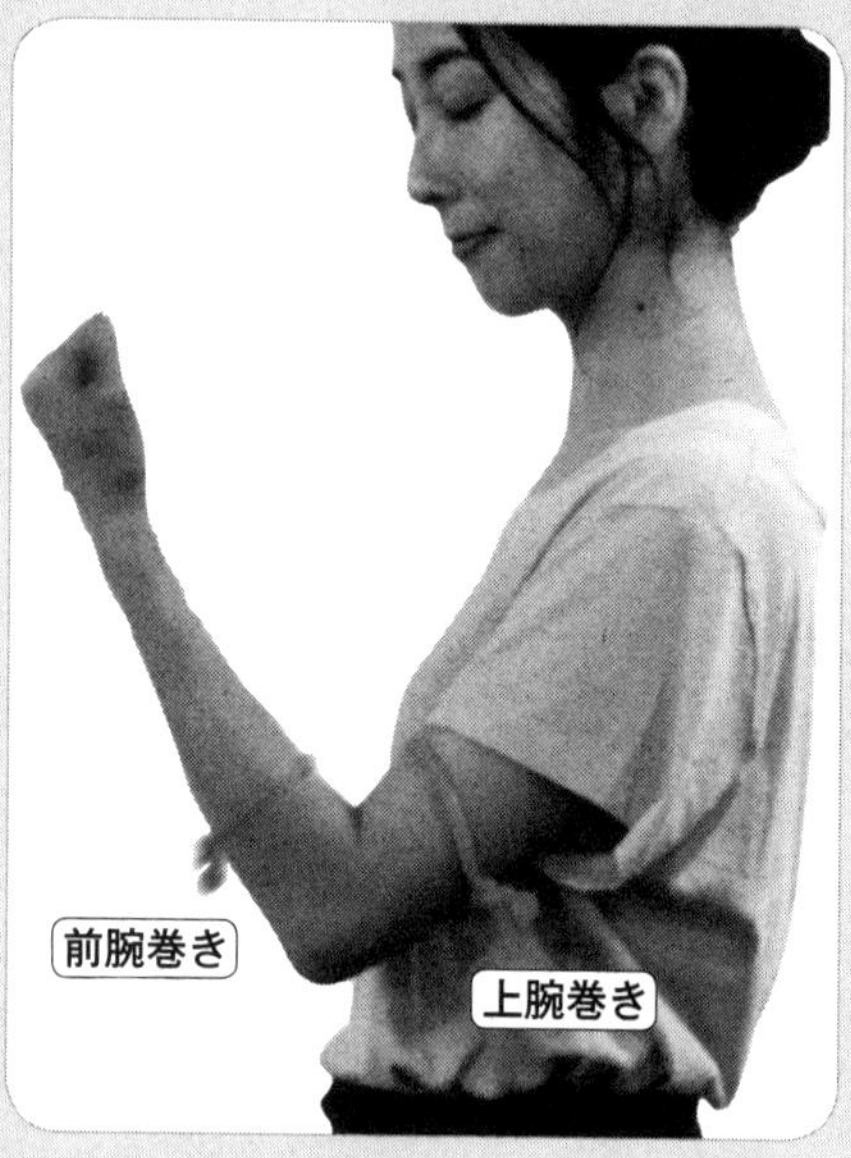

上腕巻き

（前腕巻き）

https://youtu.be/Bt7xEZS3XW4

上腕の太いところ（力こぶ）にゆるく巻きます。肘・肩回り・背中との繋がりがでてくるので、重いものを持つ、運ぶ際に役立ちます。

前腕巻きは、指先や握るなどの動きに違いを感じやすく、細かい手作業時に役立ちます。

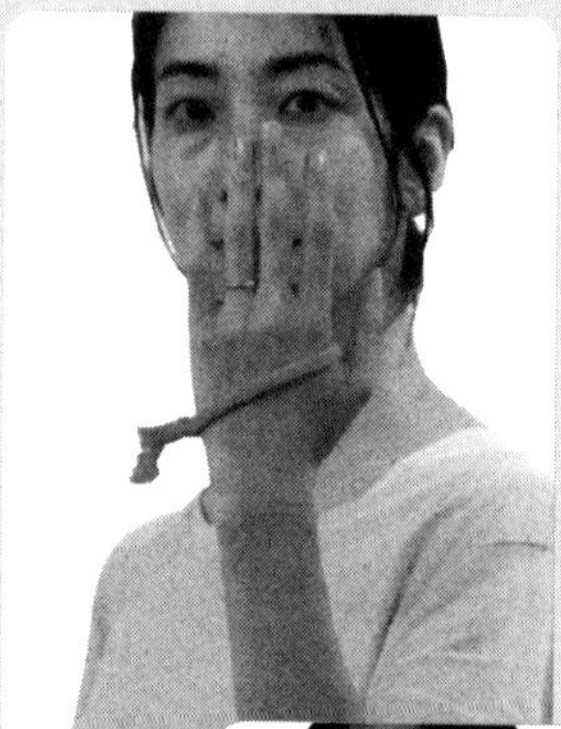

てっこう巻き

手のひら、手の甲にかけてゆるく巻きます。
手を開く、握る動作、肩の動き、歩きやすさにも違いを感じやすいです。

https://youtu.be/UglycFVxVlg

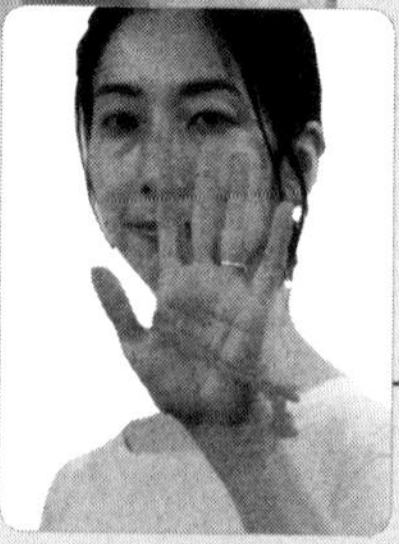

丸紐で 15 センチくらいの輪を 2 つ作り使います。

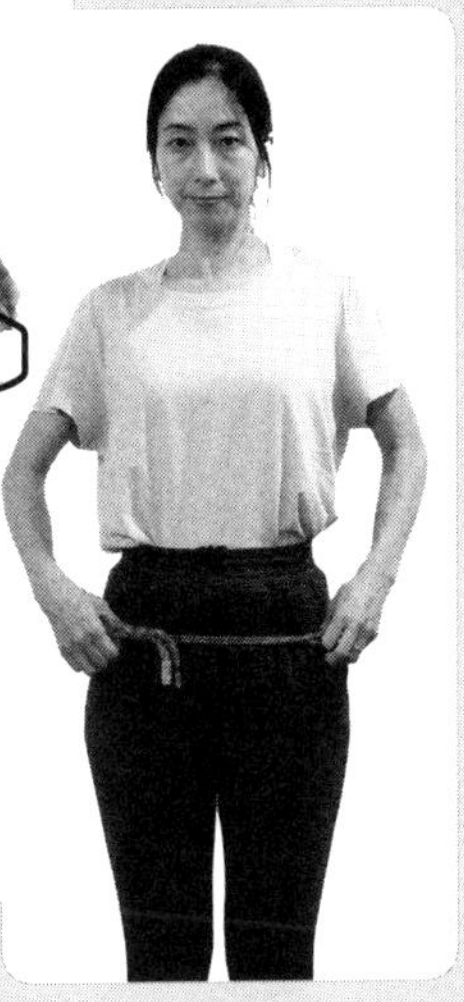

脚巻き

https://youtu.be/dcx4UTJ82NU

お尻の下から前脚の付け根に向かってヒモを巻きます。横は股関節付近を通ります。落ちない程度にしっかり巻くようにします。腰痛の方、歩く、走る、階段の上り下りに違いを感じやすいです。

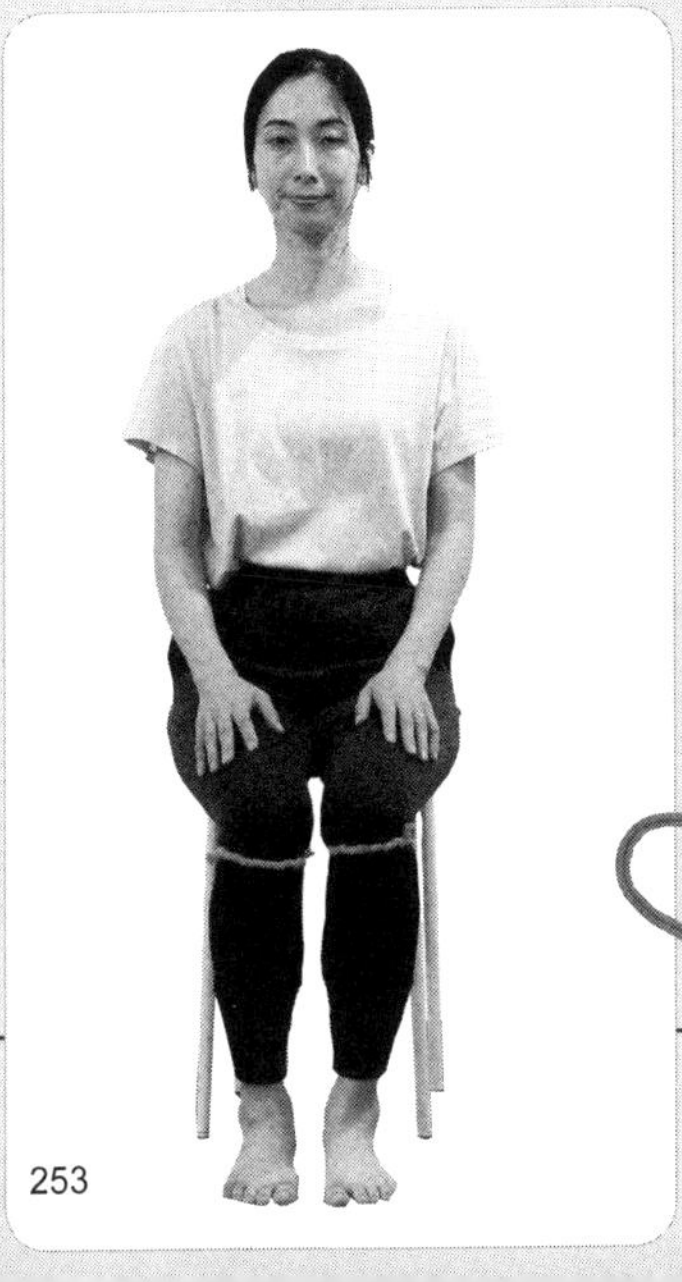

膝巻き

https://youtu.be/_5hThhBkUuY

膝下に落ちない程度に巻きます。
膝の曲げ伸ばし、足裏の感覚に違いを感じやすいです。

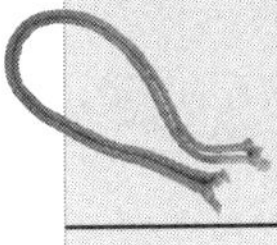

45～50センチの丸紐を2本使います。

ヒモを巻く

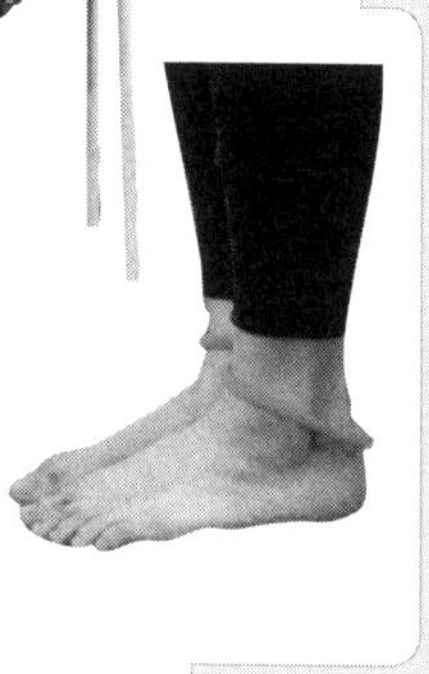

足首巻き①

https://youtu.be/OtyU0Lq_iUw

丸紐・編み紐で行ないます。足首（くるぶしの下）にゆるく巻きます。膝や股関節の動きに違いを感じやすいです。

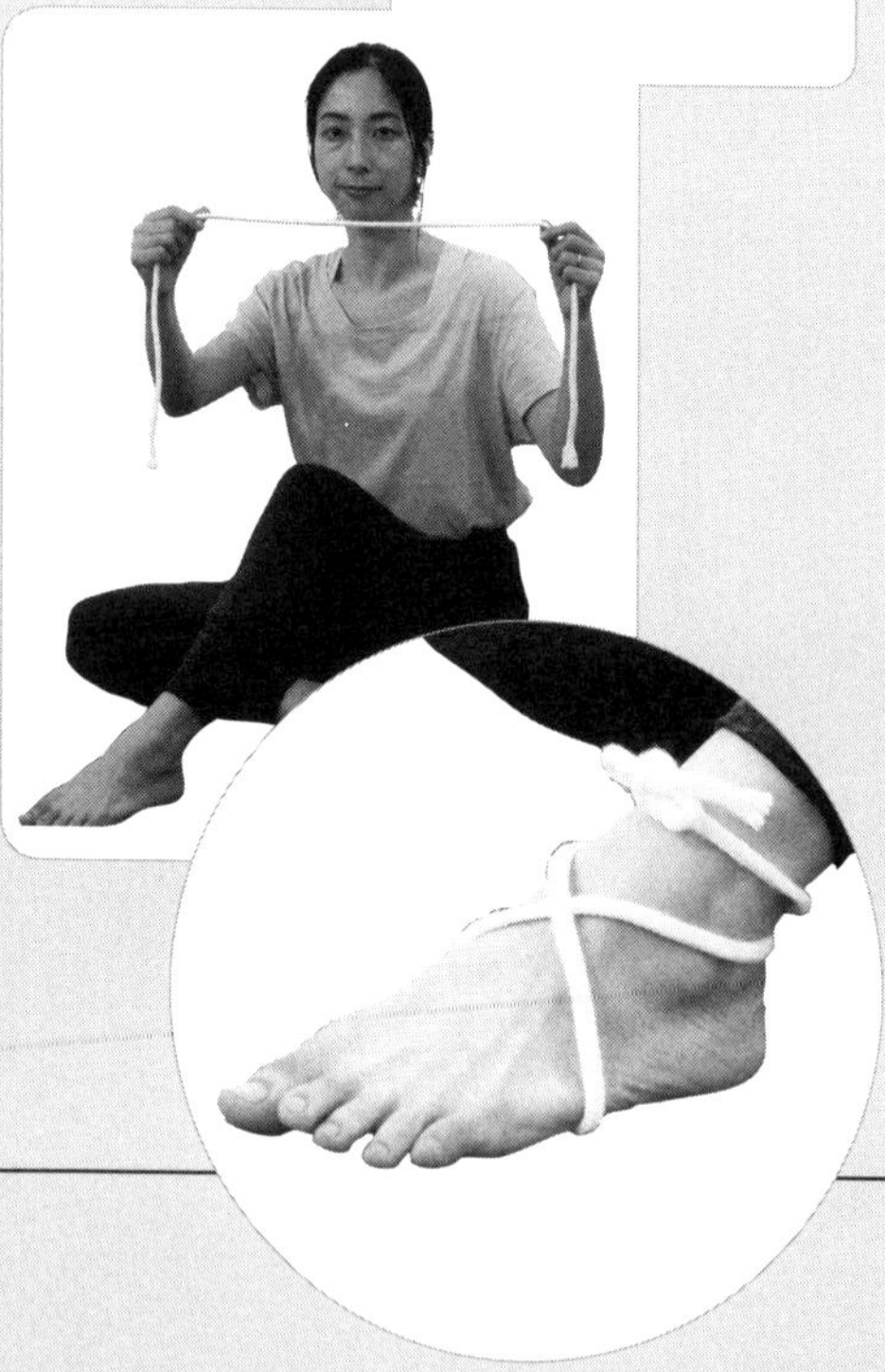

足首巻き②

https://youtu.be/v2NcQDFmNNc

足首巻きの簡単バージョンで、足裏から足の甲、足首へゆるく巻きます。夜、寝るときにもお勧めです。むくみや疲労回復に違いを感じやすいです。

耳巻き

https://youtu.be/LICeS73M7IU

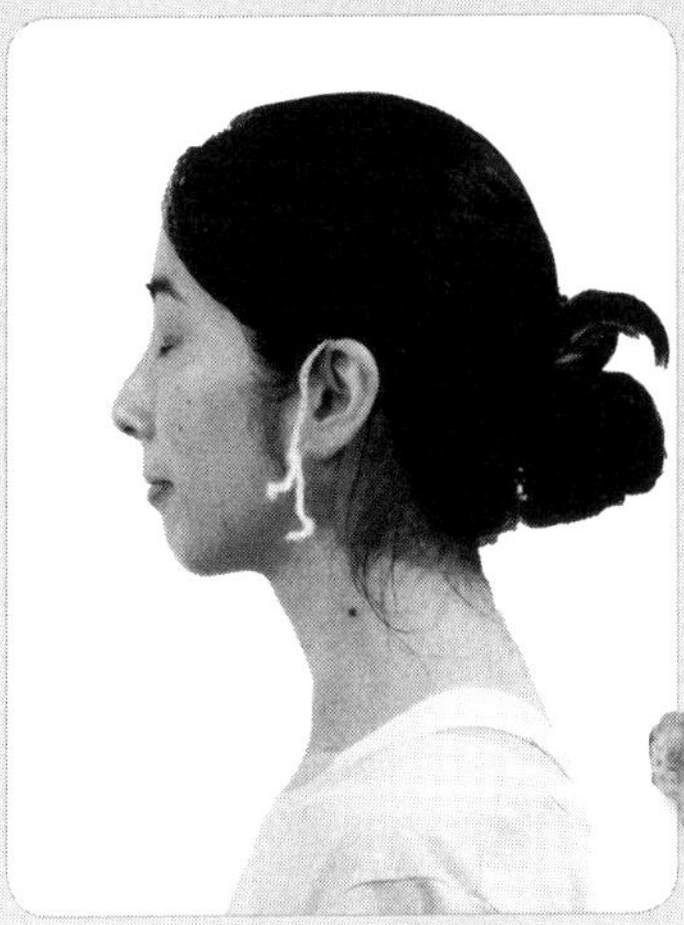

両耳に輪になったヒモを掛けます。自然に頭の緊張が抜けます。

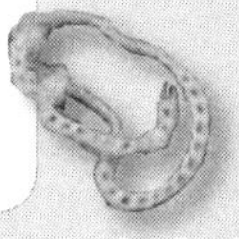

耳巻きのヒモは毛糸・軽いヒモで行ないます。

足指巻き

https://youtu.be/_5DewPsv56U

毛糸・編み紐で行ないます。

足指にゆるく巻きます。足指の連動がしやすく安定感が増します。むくみや疲労回復や冷えの解消に違いを感じやすいです。

夜寝るときにもお勧めです。

余ったヒモは、
足首にゆるく
巻きます。

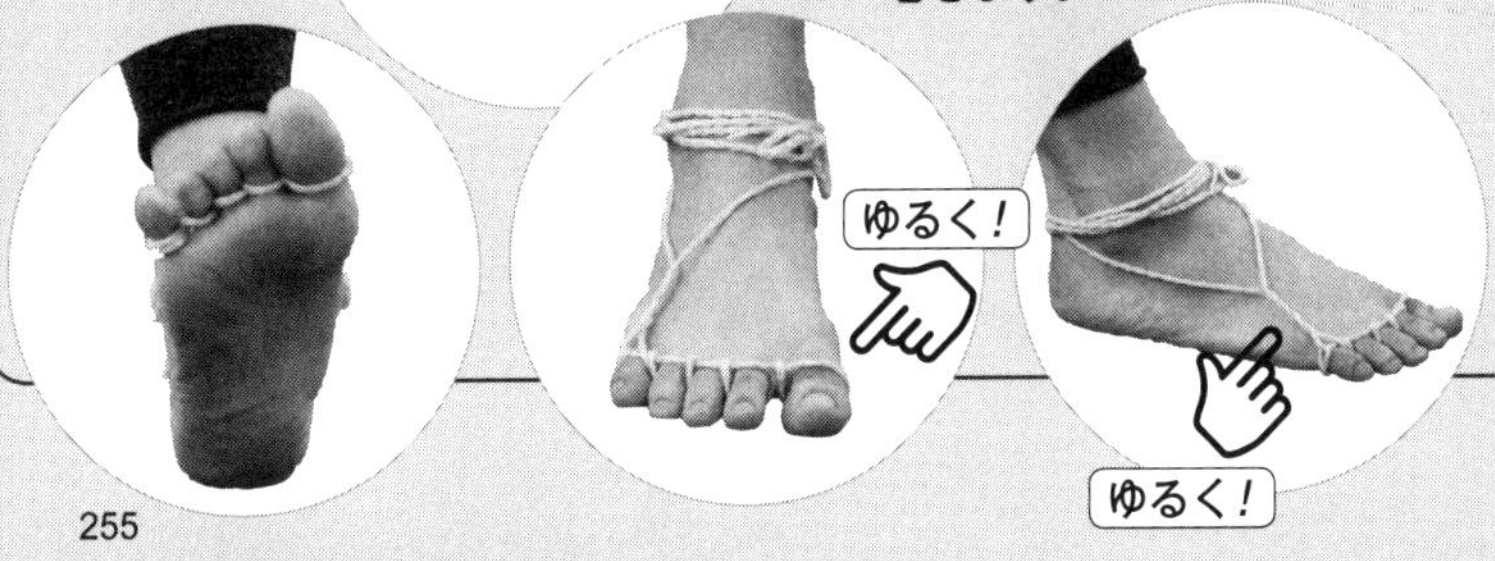

ヒモに任せて動く

下から上へあげる

https://youtu.be/0EY8s8lhMCg

肩幅より少し広い輪を両手にクロスで掛け、下から上へゆっくりあげていきます。背中の動きを感じながら気持ちよく行ないます。

本パート「ヒモに任せて動く」のヒモの張り方は、こちらの動画を参考にしてください。

左右に動かす

https://youtu.be/yFuV_f-juYA

胸幅の輪に任せて、左右に動かします。足裏からのつながりを感じながら丁寧に行ないます。腕は無理せず肘を曲げて行なってもOKです。

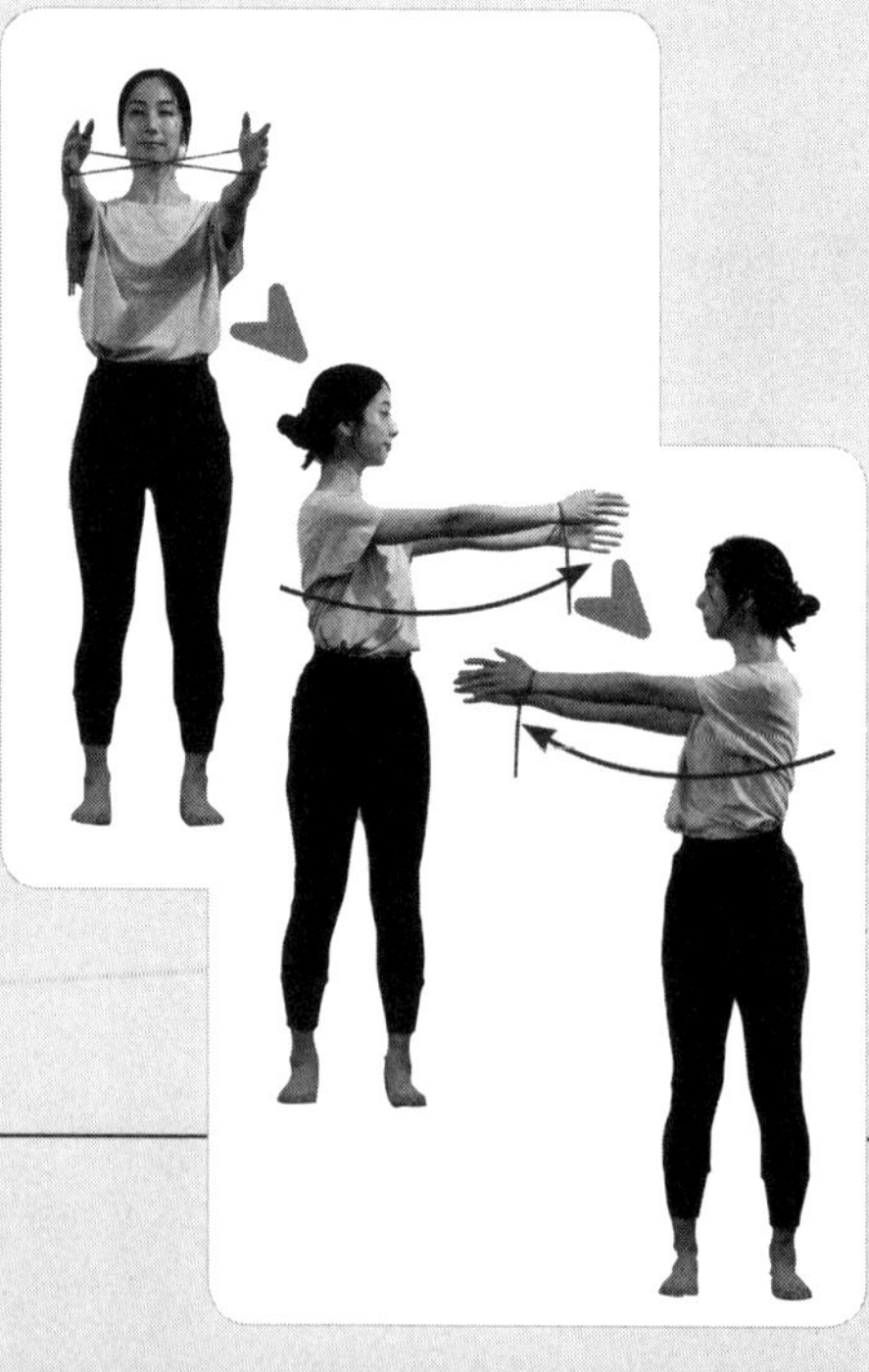

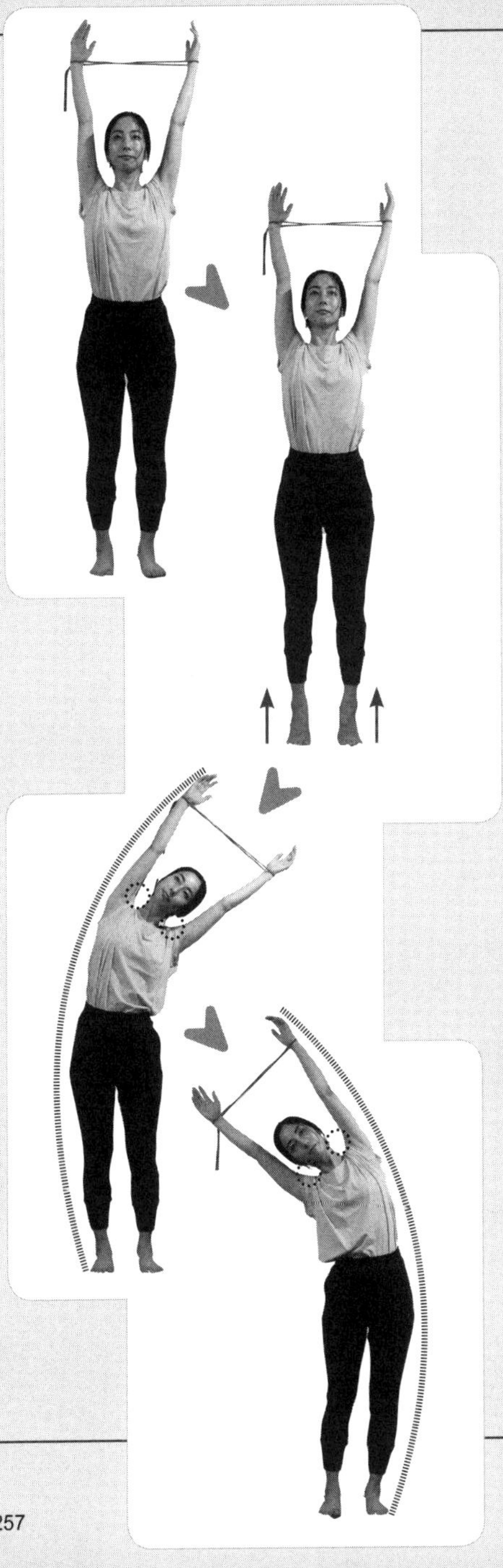

背のび

肩幅より少し広い輪に任せ、ヒモをガイドに背伸びをしていきます。全身のつながりを感じながら、気持ち良く行ないます。

左右に倒す

https://youtu.be/OEMyCoQ8Ko8

手から足までつながりを感じながら気持ち良く行ないます。首と肩の間の空間を均等に保つのがポイントです。

「背のび」と「左右に倒す」は1本の動画にまとまっています。

ヒモに任せて動く

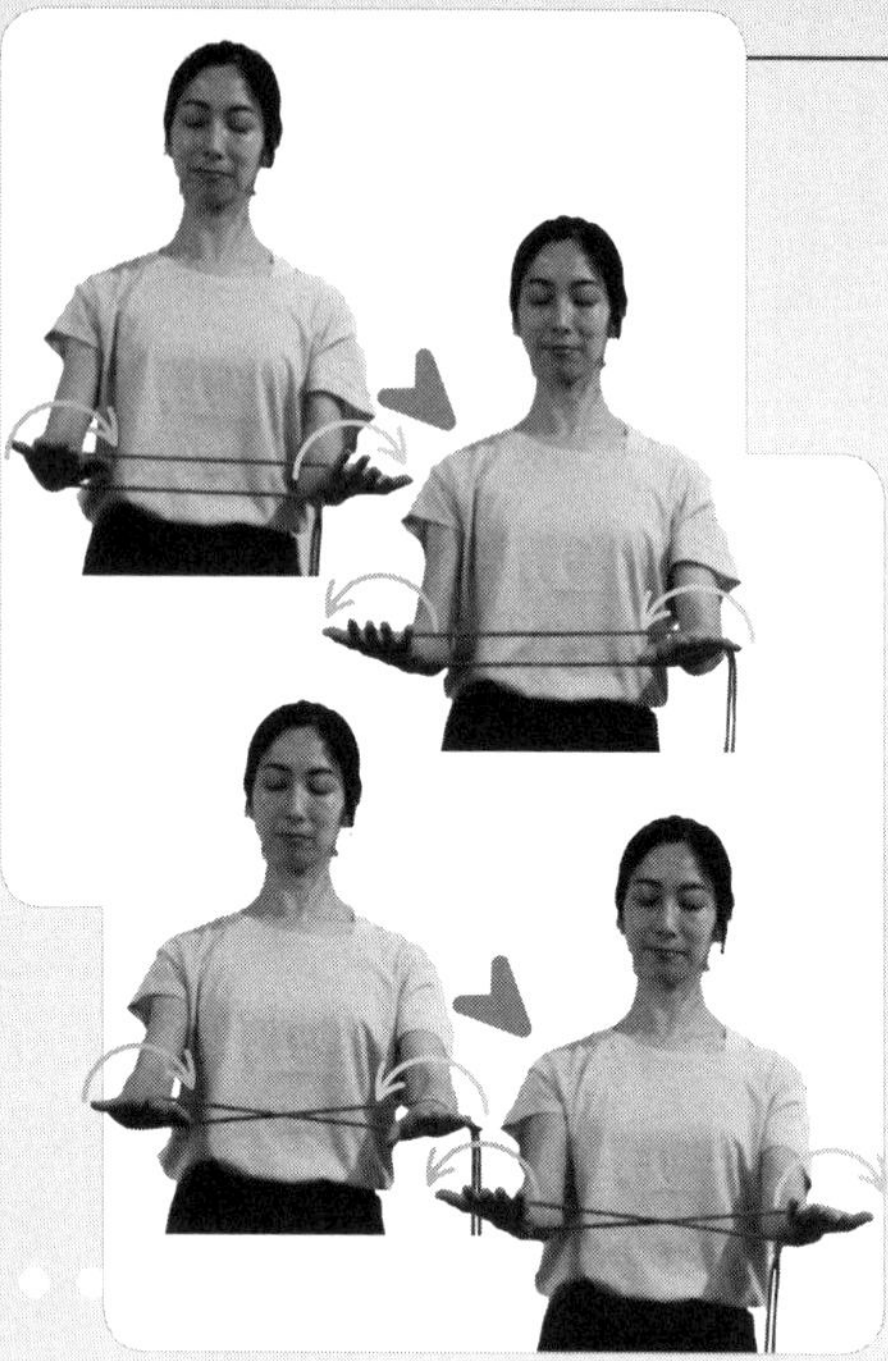

前腕回し①・②

https://youtu.be/c-1Pu1ExECs

肩幅くらいの輪を手首に掛けて回します。ヒモに任せることで、肩の力みがやわらぎ、肩甲骨とのつながりを感じやすいです。ストレート・クロスの２パターンで回転方向が変わります。

前屈ぶらぶら

https://youtu.be/Q8neVgh4zig

胸幅くらいの輪に任せ、リラックスした状態から前屈するように行ないます。ヒモは肘下に掛けると任せやすいです。

手・腰・お尻・脚のつながりを感じやすいです。

後ろからの腕上げ①

https://youtu.be/tGO4GGjnVpA

肩幅より少し広めの輪を作り、ヒモに任せて丁寧にあげていきます。手と肩甲骨、肩のつながりを感じやすいです。

後ろからの腕上げ②

https://youtu.be/cKM1UeD1_Uo

①の動きを発展させて、肩幅より広めの輪を作り、ヒモに任せて丁寧にあげていきます。その動きをガイドにして、前屈するように上体を倒していきます。背中の動きに加えて、腰、お尻、脚のつながりを感じやすいです。こちらは無理のない範囲で行なってください。

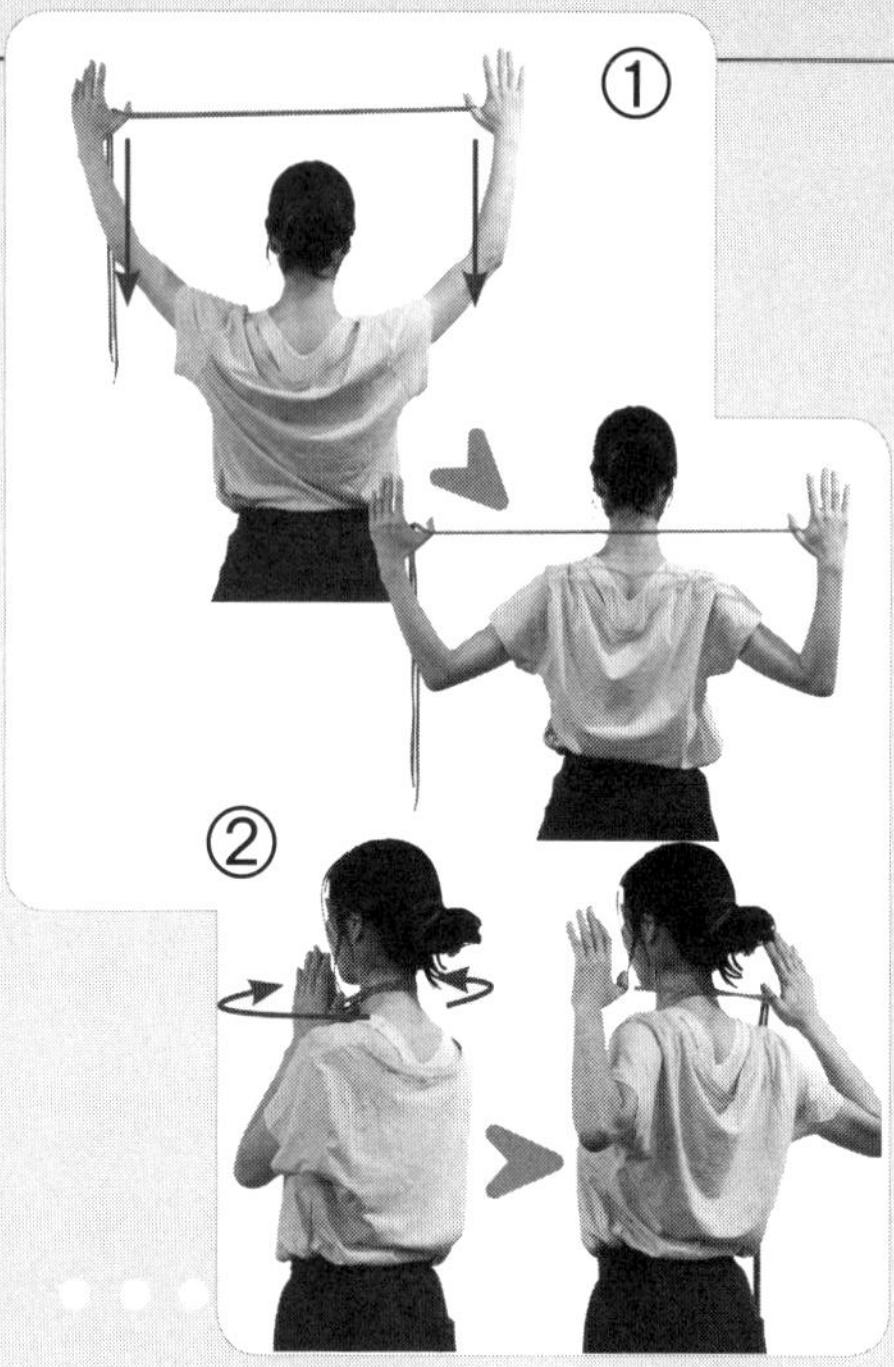

背中を動かす①・②

https://youtu.be/B-_Ihpw4-v4

①は肩幅の倍の輪、②は胸幅くらいの輪を作り、親指に掛けてヒモに任せます。ヒモの張りを一定に保ちゆっくり動かします。肩の力みが抜け、手と肩甲骨のつながりを感じやすいです。

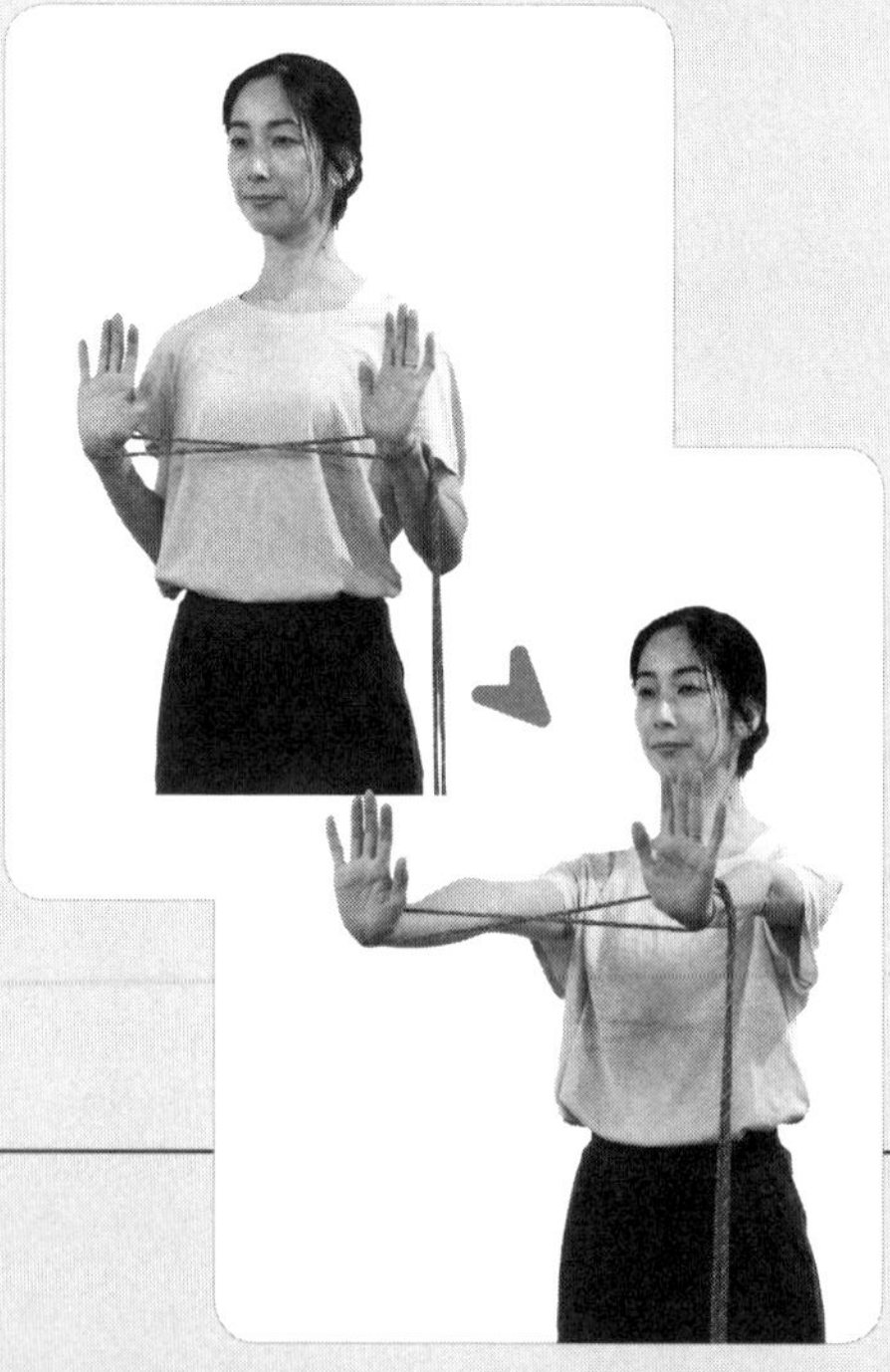

手を前後に動かす

https://youtu.be/yGpuJGPCC2c

肩幅の輪を作り、肩の前に手を置いてリラックスします。ヒモに任せてゆっくり前後に腕を曲げ伸ばしします。手首・肘・肩関節の連携を整えます。肩が辛い人は下へ向かって曲げ伸ばししてもOKです。

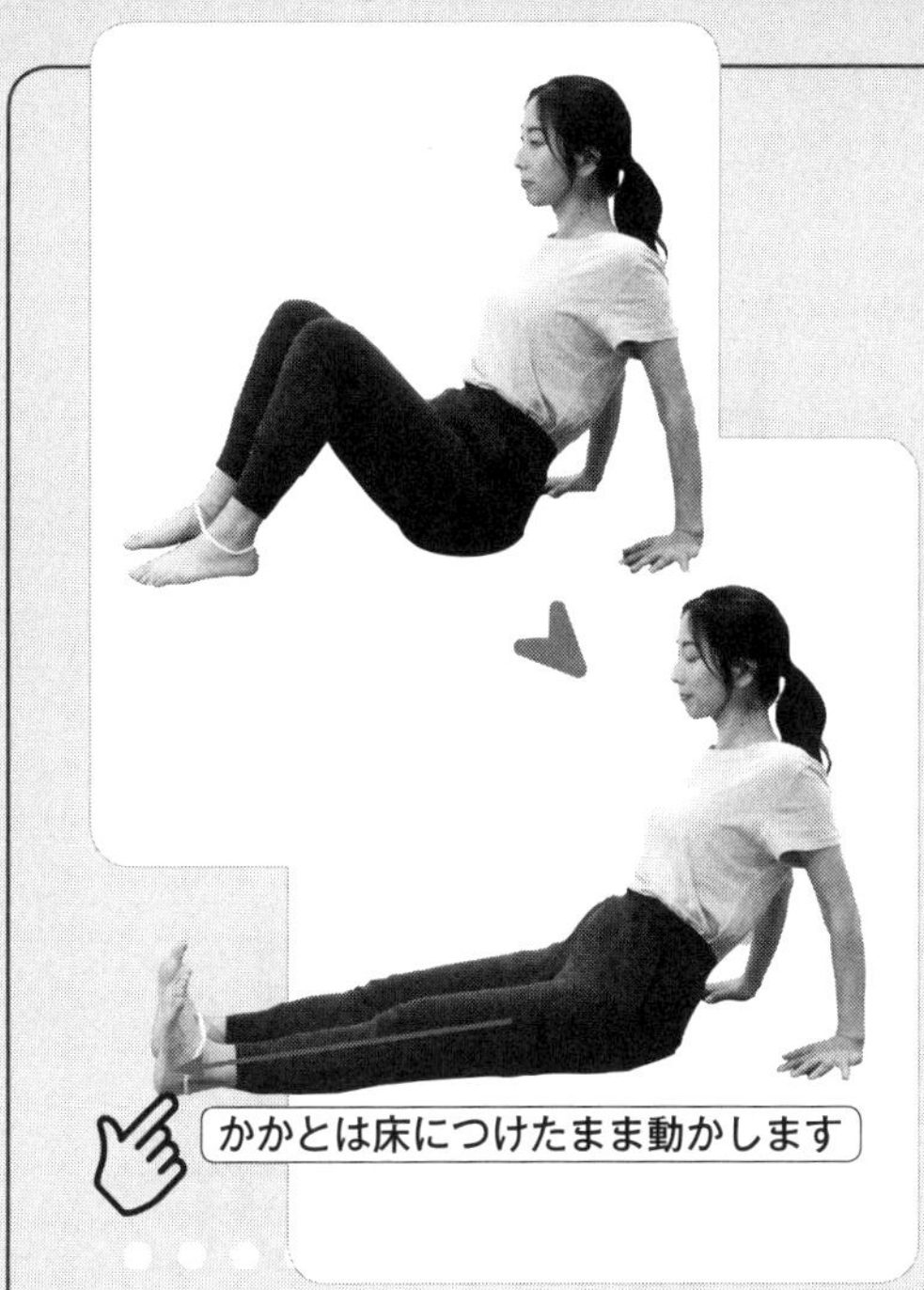

足の曲げ伸ばし①

https://youtu.be/BCHEADpiZ1s

骨盤幅（女性の場合は少し狭め）の輪を足首に掛けて、ヒモに任せてゆっくり足を曲げ伸ばしします。ヒモの張りを一定に保ち、足首を床に対して90度にして、床にかかとをつけたまま動かします。足首・膝・股関節の連携を整えます。

足の曲げ伸ばし②

https://youtu.be/KjfEyK0DD8s

仰向けになり、①と同じように行ないます。布団やベットの上でもできます。立ち、しゃがみに違いを感じやすいです。

ヒモトレ発案者 小関勲が考える〝ヒモトレが示すこと〟

私たちが当たり前のように着ている被服の起源をたどってみると、人類が初めてカラダにまとったのは「布（衣服）」ではなく実は「紐」（つるや木の皮）であるとされています。

太古の昔、私たちの先祖はなぜヒモを巻いたのでしょうか。

厚生労働省認定教材の『被服概論』（職業訓練教材研究会刊）によると、被服の起源は羞恥説、実用説、装飾説、呪術説があるとされています。どれが正しいかというより、むしろ全ての要素が混在しているのが現代の被服の姿であるように思います。

ただ、紐をカラダに巻いたという行為には、どの説でもない、もっと人が人である所以《ゆえん》をみせてくれているような気がしてなりません。純粋な自然との境界線（紐）によって、私という客体（客観）を手に入れたことにより、過去や未来をも想定するようになったのではないでしょうか。

数万年前の壁画に描かれた人々の話を直接聞けるわけでもないし、いくら調べても断片的なことをつなぎ合わせ想像するしか術はなく、全容は永遠に見えてこないかもしれません。それでも、たった一つだけそれを知る方法があるとするならば、今の私たち自身のカラダに制限なき興味と理解を広げ、それを深めていくことだと思います。数万年経っても、カラダというログは太古の記憶を内在しながら脈々と今の私たちに受け継がれてきたのだと思うと、果てしないロマンを感じずにはいられません。

全体性について

ヒモトレの注目すべき点は、カラダの「全容」の体感というところにあります。

本書では「全体性」という言葉で度々出てきますが、概念的なものではなく、体感としての全体性はヒモトレを理解する上で大切なキーワードとなっています。全体性は常に把握（理解）の外側にあります。「我知らざる我」との出会いであり「自覚以前の私」に立ち戻る手がかりになります。

そこから観えて来る景色は、まるで進化の過程を辿っているかのようで、人としての本来の姿を映し出す鏡にも見えるのです。

ちなみに英語の「Ｈｅａｌｔｈ」（ヘルス・健康）という単語の語源は「全体」を意味する「Ｈａｌ」というアングロサクソン語（古英語）です。

嬉しいことに、ヒモトレで日々健やかに過ごせるようになったという感想は後を絶ちませんが、本来の健康の意味を考えれば、カラダにおける全体性がどのような意味を持つのかは言うまでもありません。

コントロールしようとする思考は、カラダを分化し二次元化してしまいます。不自然でギクシャクした、ロボット的な動きといえば想像しやすいでしょうか。正しく動こうと意識すればするほど手と足が一緒になったり、普段は簡単にできることが上手くいかなかったりと、誰もが一度は経験したことがあるはずです。

ヒモトレから観えてくる身体性は、そんな思考優位のカラダから、リアル版のホログラム（三次元のカラダ）として再体感させてくれます。当然ながら最小単位の一個という全体であることを知らせてくれます。そして、ホログラムのホロもギリシャ語「ｈｏｌｏｓ」（ｗｈｏｌｅ完全な、全体の）に由来しています。

そもそも、この全体性※の意味のように、その特性は分化しては再現できません。どれだけ手足の使い方が上手でも股関節や肩甲骨の使い方がポイントであったとしても、それを集約して全体とはなり得ないのです。つまり、最初から私たちのカラダはすべてを一つのまとまりとして捉えることが大切になるのですが、ヒモトレの現象は全体の特性を見せてくれています。

※ブリタニカ国際大百科辞典よると【全体性とは】「一個の事物あるいは事象が、一つのまとまりをもち、さらに細かい部分に割ることによってその特質が失われてしまうようなとき、そこに見られる独自の構造や機能上の特性をいう」

前提からの取り組み

ヒモトレは、そもそもカラダと向かう前提の違いからスタートしています。

それは、すでに〝ある〟〝整う〟〝整おう〟としている前提です。

一般的にカラダを整える、鍛えるといった場合はどうでしょう？　スポーツトレーニングの場合、〝鍛える〟〝強化する〟〝増やす〟〝大きくする〟などの行為に集約されますが、その影には〝弱い〟〝少ない〟〝小さい〟〝ない〟という前提があることは気づいているのでしょうか。

無自覚であってもこの前提が内在していれば、自ずと〝足す〟という行為に辻褄があってしまうのです。

でも〝ある〟のであれば、それを鍛えることも減らすこともできない代わりに、それらを感受し、観察し、体験し、発見していく試みとなれるのです。

ヒモトレの取り組みはシンプルでありながら、新たな価値観を与えてくれます。しかし、これは特別なことではありません。自然や生き物と触れ合うときを思い出してみれば、同じような前提の試みにはならないでしょうか。私たちカラダは機械ではなく生きているのです。

本書では、前提の違いを沢山見せてくれましたが、それが正しいとか凄いなどと言っている訳ではありません。これらの取り組みや変化をご覧いただければ、前提に何を置くか一つの可能性として観てもらえるかと思うのです。もちろん、後天的に学ぶことはあります。しかし先天的に持ち合わせていることを壊してしまったら、本末転倒なのです。

ヒモトレによって起きた変化は個々が受け取って、新たな理解に落とし込んでくれれば良いと思っています。もちろん、今までの理解の仕方や経験と辻褄が合わなくなり悩んでしまう人もいることでしょう。そんなときには、人に伝えつつ、自分自身が体感していくことが理解を深めることにつながり、その葛藤も少しずつ緩和されていくと思います。

ヒモトレは、私のように普通に生活を送っている者にとっては、日々の身支度となり、アスリートにとっては良いパフォーマンスを発揮するための前提となり、子どもたちにとってはカラダを育むより良い経験となり、高齢者にとっては経験された運動を再体験する機会となります。同じ使い方でありながらも、個々に必要な要素を見せてくれる多様性があります。今では、驚くような疾患や病気が改善した話も山ほどあるのですが、これも鼎談で申し上げた通り結果論や副産物であり、薬や一定の治療のように型にはめて再現できるものではありません。未然の乱れにアプローチすることが主眼であり、既に乱れたものにアプローチするのは、ヒモトレの役割ではありません。

一番身近なカラダだからこそ

中国最古の医学書『黄帝内経』に「既病を治すのではなく、未病を治す」「既なる乱れを治すのではなく、未然の乱れを治す」という言葉があります。しかし、そもそも未病や未然の乱れにどうやって気付けば良いのでしょうか？　忙しい日々に追われていると、自分のカラダをかえりみることも難しく、気付いたときには体調を崩してしまっていることもあると思います。

未病や未然は、日常やあたり前を見直すことですが、それはちょっとした身支度によって整えられていきます。着物を整える昔とは違っていますが、「落ちてきたズボンを上げる」「洋服の肩のズレを直す」「髪の毛を整える」「きつく感じたヒモをゆるめる」といった、些細な面倒くささこそ、カラダと対話する貴重な触れ合いの時間であり、未病を治し、未然の乱れに気付くことにつながっていくのです。

本書では「結果的にそうなった」という話がいくつも出てきます。私たちはつい変化した結果に目が行くし、その結果を得るためにどうしたら良いかショートカットして考えてしまいがちです。しかし、ここで「結果的にそうなった」と表現しているのは、注目点が他にあるからであり、その注目点こそが結果を裏付けるための重要なポイントなのです。一番身近なカラダだからこそ、上手に付き合えたら、どんなに幸せな毎日を送れることかと思います。

そして強調しておきたいのは、「ヒモトレは究極の脇役である」ということです。逆の視点から見れば「自己の主体や自立を認める行為こそがヒモトレ」ではないかと思うのです。浜島貫さんも藤田五郎さんもヒモトレを上手に活用できているのは、そういった位置づけと理解されているからだと思いますし、主体となる子どもたちやお年寄りの人たちの生命や可能性に焦点をあてているからに他なりません。

さいごに

ヒモトレが究極の脇役であり続けたからこそ、たくさんの症例というより真実の物語をこうしてご紹介できたように思います。物語として成立したのは、もちろん、浜島さんや藤田さんのお力であることは言うまでもありません。

このヒモトレをそれぞれの立場で取り入れ、ご自身のカラダを通して日々理解を深めながら実践し記録してくれた浜島さんと藤田さんのお二人をご紹介できたことは、ヒモトレの役割や体の可能性をお伝えする意味でもとても貴重な機会となりました。

実はヒモトレ関連の本は日貿出版社さんより4冊目となります。今回はヒモトレのやり方や効果というより、その先のフェーズをお伝えすることができました。その意味を誰より理解しこの機会をくださった、日貿出版社の下村敦夫さんには改めて感謝申し上げます。また、この本のライティングや取材、編集を担当してくださり、変化以上にお伝えしたい大切なエッセンスを引き出してくれた北村昌陽さん、ヒモトレの意図するところを感じながらモデルをしてくださったＫＯＭＩさん、そのヒモトレの柔らかい雰囲気を表紙に表現してくれたウメチギリさん、そして、今回取材を快くお受けくださった皆さんには心より感謝申し上げたいと思います。ぜひ、ヒモトレという日々の身支度を試してみてください。それぞれの物語が生まれることを願って。

２０２０年８月吉日　バランストレーナー　小関　勲

ヒモトレ発案者
バランストレーナー

小関 勲（Isao Koseki）

１９７３年、山形県生まれ。１９９９年から始めた〝ボディバランスボード〟の開発・製作・販売をきっかけに多くのオリンピック選手、プロスポーツ選手に接する中で、身体全体のバランスの重要さに気づき指導を開始。その身体全体を見つめた独自の指導は、多くのトップアスリートたちから厚い信頼を得て、現在は日本全国で指導、講演、講習会活動を行なっている。

著書『心とカラダのバランス・メソッド』『ヒモトレ革命』（甲野善紀と共著）など。小関アスリートバランス研究所（Kab Labo.）代表、Marumitsu BodybalanceBoardデザイナー、平成12～15年度オリンピック強化委員（スタッフコーチ）、平成22～24年度オリンピック強化委員（マネジメントスタッフ）、日本体育協会認定コーチ、東海大学医学部客員研究員・共同研究者、日本韓氏意拳学会中級教練。

小関勲のFacebook、Instagram、Twitterでも情報を発信しています。

WEB site www.m-bbb.com

がんばらない、カラダが目覚《めざ》める

ヒモトレ介護術《かいごじゅつ》

●定価はカバーに表示してあります

2020年9月20日　初版発行

著　者　浜島《はましま》 貫《とおる》

監　修　小関《こせき》 勲《いさお》

発行者　川内 長成

発行所　株式会社日貿出版社

東京都文京区本郷 5-2-2　〒 113-0033

電話　(03) 5805-3303（代表）

FAX (03) 5805-3307

振替　00180-3-18495

取材協力　藤田五郎　編集協力　北村昌陽

モデル　KOMI

カバー・本文ちぎり絵　ウメチギリ

印刷　株式会社シナノ パブリッシング プレス

ISBN978-4-8170-7049-4　http://www.nichibou.co.jp/